I0635214

Diplomica Verlag

Ulrike Liss

Arbeitnehmerdatenschutz in IT-Entwicklungsprojekten

Datenschutzrechtliche Vorgaben bei der
Entwicklung und Einführung von
Personalinformationssystemen

Liss, Ulrike:
Arbeitnehmerdatenschutz in IT-Entwicklungsprojekten: Datenschutzrechtliche Vorgaben
bei der Entwicklung und Einführung von Personalinformationssystemen, Hamburg,
Diplomica Verlag GmbH

Umschlaggestaltung: Diplomica Verlag GmbH, Hamburg

ISBN: 978-3-8428-5407-9

© Diplomica Verlag GmbH, Hamburg 2011

Bibliografische Information der Deutschen Nationalbibliothek:

Die Deutsche Nationalbibliothek verzeichnet diese Publikation
in der Deutschen Nationalbibliografie;
detaillierte bibliografische Daten sind im Internet über
http://dnb.d-nb.de abrufbar.

Die digitale Ausgabe (eBook-Ausgabe) dieses Titels trägt die
ISBN 978-3-8428-0407-4 und kann über den Handel oder
den Verlag bezogen werden.

I. Inhaltsverzeichnis

II. Abkürzungsverzeichnis 8

III. Tabellenverzeichnis 9

IV. Abbildungsverzeichnis 10

1 EINLEITUNG UND AUFGABENSTELLUNG 11

2 SOFTWARETECHNISCHE, DATENSCHUTZRECHTLICHE UND
BETRIEBSWIRTSCHAFTLICHE GRUNDLAGEN 15

2.1 Personalinformationssysteme 15

2.2 Datenschutz - Grundlagen 17

    2.2.1 Die bei der Entwicklung und Einführung von PIS einschlägigen
(datenschutzrechtlichen) Gesetze und Vorschriften 18

        2.2.1.1 Definition und Abgrenzung der Anwendungsbereiche der verschiedenen
Datenschutzregelungen auf horizontaler (nationaler) Ebene 19

            2.2.1.1.1 Spezialgesetzliche Regelungen im Hinblick auf die Erstellung und
Einführung von PIS 19

            2.2.1.1.2 Allgemeiner Datenschutz nach dem BDSG bei der Erstellung und
Einführung von PIS 21

            2.2.1.1.3 Berücksichtigung des Betriebsverfassungsgesetzes bei der Erstellung
und Einführung von PIS 22

        2.2.1.2 Definition und Abgrenzung der Anwendungsbereiche der verschiedenen
Datenschutzregelungen auf vertikaler (internationaler) Ebene 23

            2.2.1.2.1 Internationale Regelungen 23

            2.2.1.2.2 Europäische Regelungen – Europarecht im weiteren Sinne 23

            2.2.1.2.3 Unionsrechtliche Regelungen – Europarecht im engeren Sinne 24

        2.2.1.3 Zwischenergebnis: Anwendbarkeit nationaler und/oder internationaler
Rechtsvorschriften bei der Entwicklung und Einführung von PIS 26

    2.2.2 Das informationelle Selbstbestimmungsrecht als Grundlage für den
Datenschutz in Deutschland 27

2.3 Ein angepasstes Phasenmodell zur systematischen Abhandlung der
datenschutzrechtlichen Fragestellungen 28

    2.3.1 Beschreibung von Vorgehensmodellen 28

    2.3.2 Die einzelnen Phasen des datenschutzspezifischen Phasenmodells 30

        2.3.2.1 Planungsphase 30

        2.3.2.2 Analysephase 30

        2.3.2.3 Konzeptionsphase 31

        2.3.2.4 Realisierungsphase 31

        2.3.2.5 Einführungsphase 31

        2.3.2.6 Nutzungsphase 31

3   DATENSCHUTZRECHTLICHE ANFORDERUNGEN AN DIE UMSETZUNG VON DATENSCHUTZ- UND DATENSICHERHEITSMAßNAHMEN BEI DER ENTWICKLUNG UND EINFÜHRUNG VON PIS.. 33

3.1   Planung..34
3.1.1   Anwendbarkeit des BDSG, BetrVG und von Tarifverträgen im Einzelfall 34
3.1.2   Beteiligung weiterer Stellen 37
3.1.2.1   Aufgabenbereiche des Datenschutzbeauftragten 40
3.1.2.2   Beteiligungsrechte des Betriebsrats.. 43
3.1.2.2.1 Mitbestimmungsrechte des Betriebsrates..................................... 44
3.1.2.2.2 Mitwirkungsrechte des Betriebsrates 45
3.1.2.2.3 Mitbestimmung durch Betriebsvereinbarung................................... 46

3.2   Analyse 47
3.2.1   Vorliegen eines Eingriffs.. 48
3.2.1.1   Schutzbereich eröffnet – personenbezogene Daten........................... 49
3.2.1.1.1 Begriff der Daten im datenschutzrechtlichen Sinne......................... 49
3.2.1.1.2 Persönliche oder sachliche Verhältnisse 49
3.2.1.1.3 Personenbezug 50
3.2.1.1.4 Besondere Arten personenbezogener Daten 51
3.2.1.2   Eingriff in den Schutzbereich 51
3.2.1.2.1 Erheben von personenbezogenen Daten 51
3.2.1.2.2 Verarbeiten von personenbezogenen Daten................................... 52
3.2.1.2.3 Nutzen von personenbezogenen Daten 53
3.2.1.3   Beispielhafte Eingriffsprüfung 53
3.2.1.3.1 Datenbank 54
3.2.1.3.2 Benutzeroberfläche.. 55
3.2.1.3.3 Systeme aus dem Aufgabenbereich der Personalplanung 55
3.2.1.3.4 Systeme im Aufgabenbereich der Personalentlohnung 57
3.2.1.3.5 Systeme im Aufgabenbereich des Personaleinsatzes – Arbeitszeitmanagementsystem/ Zutrittsmanagementsystem 58
3.2.1.3.6 Systeme im Aufgabenbereich der Personalbeschaffung 59
3.2.1.3.7 Systeme im Aufgabenbereich der Personalentwicklung 60
3.2.1.4   Zwischenergebnis.. 61
3.2.2   Eingriffsrechtfertigung 66
3.2.2.1   Das Verbot mit Erlaubnisvorbehalt 67
3.2.2.1.1 Erlaubniskonzept nach dem Bundesdatenschutzgesetz....................... 67
3.2.2.2   Der Zweckbindungs- und Erforderlichkeitsgrundsatz 68
3.2.2.3   Der Grundsatz der Transparenz 69
3.2.2.4   Der Grundsatz der Datenvermeidung und Datensparsamkeit................. 69
3.2.2.5   Betroffenenrechte... 69
3.2.2.6   Datensicherheit... 70
3.2.2.6.1 Einrichtung eines Risikomanagements zur Umsetzung der Datensicherheit.. 72
3.2.2.6.2 Die einzelnen Datensicherungsmaßnahmen................................... 75

3.3   Konzeption **78**
3.3.1 Datenschutzkonzept 79
3.3.1.1 Verbot mit Erlaubnisvorbehalt.. 79
3.3.1.2 Der Zweckbindungs- und Erforderlichkeitsgrundsatz 82
3.3.1.3 Transparenzgebot.. 83
3.3.1.4 Grundsatz der Datenvermeidung und Datensparsamkeit.................... 84
3.3.2 Sicherheitskonzept 84
3.3.2.1 Technische und organisatorische Maßnahmen zur Zutritts-, Zugangs-
und Zugriffskontrolle 84

3.4   Realisierung **88**
3.4.1 Programmierung 88
3.4.1.1 Verbalisierung 88
3.4.1.2 Dokumentation.. 89

3.5   Einführungsphase..**90**

3.6   Nutzung **91**
3.6.1 Unternehmensalltag 92
3.6.2 Wartung 92

4   SCHLUSSBEMERKUNG **95**

V. Literatur- und Quellenverzeichnis.. **97**
VI. Handout..**101**

II. Abkürzungsverzeichnis

AG	Arbeitgeber
AGG	Allgemeines Gleichbehandlungsgesetz
ArbZG	Arbeitszeitgesetz
BDatG	Beschäftigtendatenschutzgesetz
BDSG	Bundesdatenschutzgesetz
BetrVG	Betriebsverfassungsgesetz
BR	Betriebsrat
BVerfG	Bundesverfassungsgericht
DSB	Datenschutzbeauftragter
EMRK	Europäische Menschenrechtskonvention
GG	Grundgesetz
JArbSchG	Jugendarbeitsschutzgesetz
LDSG	Landesdatenschutzgesetz
NachwG	Nachweisgesetz
OECD	Organisation für wirtschaftliche Zusammenarbeit und Entwicklung
SGB I-X	Sozialgesetzbuch I bis X
TMG	Telemediengesetz
TKG	Telekommunikationsgesetz
TV	Tarifvertrag
TVG	Tarifvertragsgesetz

III. Tabellenverzeichnis

Tabelle 1: gesetzliche Regelungen und ihre Anwendbarkeit auf Fragestellungen im Zusammenhang mit der Entwicklung und Einführung von Personalinformationssystemen.

Tabelle 2: sachlicher und örtlicher Anwendungsbereich der relevanten Gesetze.

Tabelle 3: Die wichtigsten Aufgabenfelder des Datenschutzbeauftragten.

Tabelle 4: Die wichtigsten Beteiligungsrechte des Betriebsrates zum Arbeitnehmerdatenschutz.

Tabelle 5: Anwendungssysteme in der Personalwirtschaft.

Tabelle 6: Spezialgesetzliche Melde- und Auskunftspflichten des Arbeitgebers.

Tabelle 7: Abschließende Zusammenfassung der erforderlichen Datenschutz- und Sicherheitsmaßnahmen.

IV. Abbildungsverzeichnis

Abb. 1: Schichtenmodell und Systemarchitektur.

Abb. 2: Betroffenheit des Grundrechts auf informationelle Selbstbestimmung.

Abb. 3: Datenschutz und Datensicherheit.

Abb. 4: Auftragsdatenverarbeitung bei Wartung durch Fremdpersonal.

1 Einleitung und Untersuchungsgegenstand

Personalabteilungen in Unternehmen nutzen heute leistungsfähige IT-Systeme in nahezu jedem Tätigkeitsgebiet des Personalmanagements. Ihr Einsatzbereich beginnt bei der Bewerberauswahl und reicht von der Erfassung von Stammdaten eines Mitarbeiters bei seiner Einstellung über seine monatliche Lohn- und Gehaltsabrechnung bis hin zur betrieblichen Ruhegeldversorgung nach Ausscheiden aus dem Arbeitsverhältnis. Diese Informationssysteme werden üblicherweise Personalinformations- beziehungsweise Personalmanagementsysteme genannt.

Solche Systeme befassen sich überwiegend mit Daten, die unmittelbar oder mittelbar mit dem Beschäftigten in Beziehung stehen. Der Umgang mit diesen Daten ermöglicht dem Arbeitgeber ein erhebliches Maß an Leistungs- und Verhaltenskontrolle seiner Mitarbeiter und berührt mithin die Persönlichkeitsrechte der Betroffenen.

Zum Schutz der Arbeitnehmerdaten dienen die Datenschutzgesetze sowie auf kollektivrechtlicher Ebene das Betriebsverfassungsgesetz. Die Einhaltung der Datenschutzgesetze wird durch die Landesaufsichtsbehörden gewährleistet und ein Verstoß mit Bußgeldern sanktioniert. Dem Betriebsrat des Unternehmens stehen bei Verletzung seiner Mitbestimmungsrechte unter Umständen Unterlassungsansprüche zu, mit denen er die Durchführung von Maßnahmen des Arbeitgebers verhindern kann.

Ein primäres Ziel der Unternehmensleitung bei der Entwicklung und Einführung von Personalinformationssystemen muss es daher sein, die einschlägigen datenschutzrechtlichen und kollektivrechtlichen Regelungen zu beachten. Unterstützung findet der Arbeitgeber in der Person des Datenschutzbeauftragten, der ihm als Experte in wirtschaftlichen, rechtlichen, organisatorischen und IT-technischen Fragen beratend zur Seite stehen kann.

Durch die Einschaltung eines Datenschutzbeauftragten kann sich aber das Unternehmen nicht von etwaigen Datenschutzverstößen durch den Einsatz des Personalinformationssystems entlasten. Die Entscheidung über die Einführung konkreter Datenschutz- und Datensicherungsmaßnahmen obliegt weiterhin alleine dem Arbeitgeber. Er ist daher angehalten sich umfassend über seine datenschutzrechtlichen Pflichten und die Rechte der

Betroffenen zu informieren. Dabei sind datenschutzrechtliche Vorgaben in allen Phasen der Projektentwicklung zu berücksichtigen.

Diese Studie ist ein Leitfaden, der der Unternehmensleitung und dem IT-Beauftragten des Unternehmens das bei der Entwicklung und Einführung von Personalinformationssystemen erforderliche datenschutzrechtliche Wissen vermittelt, spezifische Hinweise gibt und das Augenmerk für datenschutzrelevante Sicherheitslücken und Bedrohungen durch den Einsatz des Systems schult.

Anhand eines an die datenschutzrechtlich relevanten Aspekte angepassten Phasenmodells werden die für jede Phase (Planung, Analyse, Konzeption, Realisierung, Einführung und Nutzung) typischen Fragestellungen, die bei der Entwicklung und Einführung eines Personalinformationssystems auftreten, untersucht und beispielhaft Lösungen aufgezeigt. Es werden zum einen datenschutzrechtliche Themen des Entwicklungs- und Einführungsprozesses als solches untersucht (zum Beispiel: wie muss die Programmierung ausgeführt werden, um den datenschutzrechtlichen Anforderungen zu genügen oder welche Sicherheitsvorkehrungen müssen die Mitarbeiter der Personalabteilung beachten, wenn sie mit dem Personalinformationssystem arbeiten) und zum anderen werden die Vorgaben geprüft, denen das Anwendungssystem am Ende seiner Entwicklung nach den Datenschutzgesetzen entsprechen muss (zum Beispiel: welche Daten darf das Personalinformationssystem speichern), um einen ordnungsgemäßen Umgang mit den personenbezogenen Daten der Belegschaft zu gewährleisten.

Dabei erhebt dieser Leitfaden nicht den Anspruch auf Vollständigkeit. Die Fülle an Gesetzen, die einen datenschutzrechtlichen Bezug aufweisen, der Umfang an sicherheitsrechtlichen Bedrohungen für personenbezogene Daten im Unternehmen sowie die Vielfalt an möglichen Personalinformationssystemen machen eine umfassende und abschließende Untersuchung im Rahmen dieser Studie unmöglich. Vorrangiges Ziel dieser Ausarbeitungen ist es vielmehr, dass das Unternehmen mit Hilfe der hier vorgestellten Beispielsfälle in die Lage versetzt wird, im Rahmen eines konkreten Projektes sein erworbenes Wissen anzuwenden und unter Umständen für neue Problemstellungen zu abstrahieren.

Dieses Buch gliedert sich wie folgt: Nach der Einleitung folgt im zweiten Teil eine Einführung in softwaretechnische, datenschutzrechtliche und betriebswirtschaftliche Begriffe und Hintergründe. Insbesondere wird ein datenschutzspezifisches Phasenmodell für die Einführung von Personalinformationssystemen vorgestellt, das als Richtschnur den Aufbau des dritten Teils bestimmt. Der dritte Teil befasst sich mit konkreten datenschutzrechtlichen Problemstellungen bei der Entwicklung und Einführung von Personalinformationssystemen und untersucht diese im Rahmen der Entwicklungsphasen des Phasenmodells. Der letzte Teil nennt einige zentrale Ergebnisse dieser Ausarbeitung. Im Anhang VI sind die Ergebnisse des dritten Abschnitts für einen schnellen Überblick tabellarisch zusammengefasst.

2 Softwaretechnische, datenschutzrechtliche und betriebswirtschaftliche Grundlagen

2.1 Personalinformationssysteme

Unter einem Personalinformationssystem (oder auch Personalmanagementsystem) wird in diesem Buch ein IT-gestütztes System zur Steuerung und Optimierung von Aufgaben der Personalwirtschaft verstanden[1].

Im Bereich der Personalwirtschaft gibt es zahlreiche unterschiedliche Aufgabenfelder (so zum Beispiel die Entgeltabrechnung, die Personalentwicklung, das Bewerbermanagement). Für die einzelnen Aufgabenfelder werden in der Regel eigenständige Personalinformationssysteme entwickelt. Die einzelnen Systeme (Module) können zu einem größeren Personalmanagementsystem zusammengeführt werden, wenn das für das betreffende Unternehmen sinnvoll ist. Ursprünglich gab es diese Module nur für die Entgeltabrechnung und die Zeitwirtschaft. Heutzutage findet sich kaum ein Bereich im Personalmanagement, bei dem es keine softwarebasierte Unterstützung der Arbeitsabläufe gibt[2]. In der Praxis haben sich insbesondere Anwendungen zu den personalwirtschaftlichen Aufgaben der Personalplanung, der Personalentlohnung, des Personaleinsatzes, der Personalbeschaffung sowie der Personalentwicklung durchgesetzt[3].

Um die Systemarchitektur von Personalinformationssystemen zu strukturieren, wird in der vorliegenden Studie ein klassisches Drei-Schichten-Modell[4] verwandt. Dies besteht aus den Schichten:

- Datenerhaltungsschicht
- Anwendungsschicht und
- Präsentationsschicht

---

[1] In der Literatur gibt es keine einheitliche Begriffsverwendung von Personalinformationssystemen. In seinem Buch über Personalinformationssysteme führt Finzer allein sechs unterschiedliche Auffassungen über mögliche Definitionen an (Finzer, Personalinformationssysteme für die betriebliche Personalplanung, S.13-17).
[2] Friedel, Das Personalmanagement im Unternehmen, S.11.
[3] Die Gruppierung der einzelnen Aufgabenbereiche aus dem Bereich der Personalwirtschaft ist dem Buch Olfert, Personalwirtschaft entnommen.
[4] Auf eine vierte Integrationsschicht zur Beschreibung von heterogenen Systemen mit verschiedenen Anwendungssystemen wird hier verzichtet. Es wird mithin ein homogenes System vorausgesetzt.

Ausgangsbasis für jede höhere Schicht sind dabei die Dienste und Ergebnisse der jeweils vorgelagerten Schicht[5]. Basisschicht ist die Datenerhaltungsschicht, die der Abspeicherung und Verwaltung persistenter Daten dient[6]. Darauf aufbauend folgt die Anwendungsschicht. Hier werden sämtliche fachlichen Funktionalitäten eines Systems realisiert. Dabei wird auf Daten aus der Datenerhaltungsschicht zurückgegriffen. Zuletzt bietet die Präsentationsschicht die nötige Schnittstelle zum Anwender des Systems, indem sie eine Benutzeroberfläche für die Ein- und Ausgabe der Daten bereithält[7]. Die Ausführungen im dritten Teil dieses Buches befassen sich insbesondere mit den datenschutzrelevanten Funktionalitäten der Systeme der Anwendungsschicht.

Die Umsetzung dieses Schichtenmodells in ein konkretes Personalinformationssystem kann sowohl auf vertikaler als auch auf horizontaler Ebene homogen oder heterogen erfolgen. Auf vertikaler Ebene können die drei Schichten entweder durch schichtspezifische Einzelsysteme (modulare Architektur beziehungsweise heterogene Architektur) realisiert werden oder aber durch ein einheitliches schichtenübergreifendes Gesamtsystem (monolithische Architektur beziehungsweise homogene Architektur)[8]. Auch auf horizontaler Ebene können verschiedenen Systeme zu einem Gesamtsystem (fragmentierte Architektur) zusammenwirken (in diesem Fall wäre jedoch eine Integrationsschicht erforderlich, um das Zusammenspiel der heterogenen Einzelkomponenten adäquat zu beschreiben).

---

[5] Strohmeier, Informationssysteme im Personalmanagement, S.4.
[6] Schwarze, Systementwicklung, S.7.
[7] Strohmeier, Informationssysteme im Personalmanagement, S.5.
[8] Strohmeier, Informationssysteme im Personalmanagement, S.6.

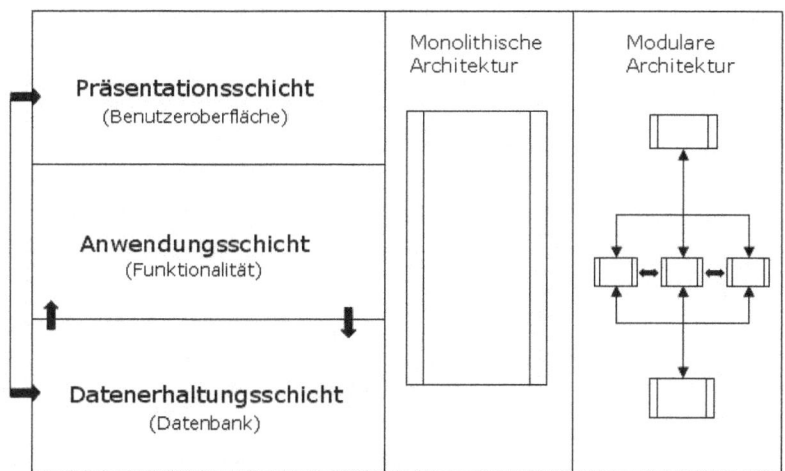

Abb. 1 Schichtenmodell und Systemarchitektur

Ob es sich im Einzelfall um eine monolithische oder modulare Architektur handelt, ist für die Problemstellungen dieser Untersuchungen nicht entscheidend; dementsprechend werden beide Architekturen gleichzeitig betrachtet. Auf die Behandlung datenschutzrechtlicher Fragen bei fragmentierten Architekturen (auf vertikaler und horizontaler Ebene stehen unterschiedliche Einzelsysteme zur Verfügung) wird in dieser Studie gänzlich verzichtet.

2.2 Datenschutz - Grundlagen

Bevor im dritten Teil dieses Buches auf die konkrete Anwendung datenschutzrechtlicher Anforderungen bei der Entwicklung und Einführung von Personalinformationssystemen eingegangen wird, muss geprüft werden, welche nationalen (und internationalen) Vorschriften Anwendung finden. Außerdem wird kurz die grundrechtliche Verankerung des Datenschutzes als informationelles Selbstbestimmungsrecht aufgezeigt.

Adressat dieser Ausführungen sind die für die Erhebung, Nutzung oder Verarbeitung der personenbezogenen Daten verantwortlichen Stellen[9]. Dies wird im vorliegenden Untersuchungszusammenhang immer der Arbeitgeber (ein Unternehmen der Privatwirtschaft) sein, der für sein

---

[9] Legaldefinition in § 3 Abs.7 BDSG: Verantwortliche Stelle ist jede Person oder Stelle, die personenbezogene Daten für sich selbst erhebt, verarbeitet oder nutzt oder dies durch andere im Auftrag vornehmen lässt.

Unternehmen ein Personalinformationssystem einführen will. Sollte die softwaretechnische Entwicklung des Personalinformationssystems durch eine vom Arbeitgeber unabhängige Stelle erfolgen, so ist diese nur „Dritter" im Sinne des Bundesdatenschutzgesetzes (§ 3 Abs.8 S.2 BDSG), mithin nicht unmittelbarer Adressat der datenschutzrechtlichen Vorgaben. Unter „Betroffener" (§ 3 Abs.1 BDSG) ist im weiteren Verlauf dieser Untersuchungen der einzelne Arbeitnehmer zu verstehen, dessen persönliche Daten durch den Einsatz des Personalinformationssystems gefährdet werden könnten.

2.2.1 Die bei der Entwicklung und Einführung von PIS einschlägigen (datenschutzrechtlichen) Gesetze und Vorschriften

Datenschutzrechtlich relevante Verarbeitungszusammenhänge lassen sich heutzutage in fast jedem Lebensbereich finden. So kann es nicht überraschen, dass es auch kein einheitliches allumfassendes Datenschutzrecht gibt. Für einige Lebenssachverhalte sind bereichsspezifische Gesetze beziehungsweise spezialgesetzliche Normen erlassen worden (so zum Beispiel im Strafgesetzbuch für die ärztliche Schweigepflicht, im Sozialgesetzbuch X für den Schutz von Sozialdaten, in der Abgabenordnung für das Steuergeheimnis oder im Telemediengesetz für Teledienste) für andere gelten die allgemeinen bundes- und landesdatenschutzrechtlichen Bestimmungen.

Fraglich ist daher zunächst, ob es für den hier in Frage stehenden Bereich des Arbeitnehmerdatenschutzes ein bereichsspezifisches Gesetz gibt.

Auf Grund der Überwachungsvorfälle in einigen bedeutenden deutschen Unternehmen in den Jahren 2008/2009 wurde im Februar 2009 als Sofortmaßnahme – und Zwischenlösung[10] - eine Grundsatzregelung zum Datenschutz der Arbeitnehmer in das Bundesdatenschutzgesetz aufgenommen (§ 32 BDSG)[11]. Weiterhin wurde mit dem am 4. September 2009 vom damaligen Bundesarbeitsminister Olaf Scholz vorgelegten Entwurf für ein Gesetz zum Datenschutz im Beschäftigungsverhältnis (Beschäftigtendatenschutzgesetz - BDatG) ein erster Schritt in Richtung eines umfassenden Beschäftigtendatenschutzes unternommen[12]. Dieser Gesetzesent-

---

[10] Schild/Tinnefeld, DuD 2009, 469 (470).
[11] BMI, Bundeskabinett beschließt Grundsatzregelung zum Datenschutz der Arbeitnehmer.
[12] BMAS, Scholz will Arbeitnehmer besser schützen.

wurf konnte allerdings wegen der Neuwahlen nicht mehr im Bundestag behandelt werden. Im Koalitionsvertrag zwischen der Union und der FDP ist geregelt, dass der Beschäftigtendatenschutz nicht seperat geregelt, sondern eine eigene Passage im Bundesdatenschutzgesetz erhalten wird[13]. Bis August 2010 sind seitdem drei Referentenentwürfe erschienen und es scheint, als stünde diesen Neuregelungen nicht mehr viel entgegen.

Angesichts der derzeit noch fehlenden expliziten normativen Ausgangsgrundlage wird als nächstes untersucht, welche nationalen Gesetze und Bestimmungen bei der Entwicklung und Einführung von Personalinformationssystemen maßgeblich sind (horizontale Abgrenzung der allgemeinen und bereichsspezifischen Datenschutzbestimmungen). In Betracht kommen einzelne Vorschriften aus Spezialgesetzen (zum Beispiel dem Telemediengesetz oder dem Telekommunikationsgesetz) oder aber subsidiär das Bundesdatenschutz- beziehungsweise die Landesdatenschutzgesetze.

In einem weiteren Schritt wird geprüft, ob und inwiefern auch internationale Bestimmungen bei der Entwicklung und Einführung von Personalinformationssystemen zu berücksichtigen sind.

2.2.1.1 Definition und Abgrenzung der Anwendungsbereiche der verschiedenen Datenschutzregelungen auf horizontaler (nationaler) Ebene

Auf nationaler Ebene gibt es kein einheitliches Arbeitnehmerdatenschutzgesetz (siehe oben). Einschlägig für den Beschäftigtendatenschutz sind demnach primär vereinzelte Regelungen aus Spezialgesetzen (§ 1 Abs.3 S.1 BDSG). Soweit es keine spezialgesetzlichen Regelungen gibt, greifen die allgemeinen Datenschutzgesetzte (Bundesdatenschutzgesetz oder Landesdatenschutzgesetze).

2.2.1.1.1 Spezialgesetzliche Regelungen im Hinblick auf die Erstellung und Einführung von PIS

Im Bereich des Arbeitnehmerdatenschutzes gibt es zahlreiche spezialgesetzliche Vorschriften, die vorrangig vor den Bundes- und Landesdatenschutzgesetzen anzuwenden sind. Zu unterscheiden sind die Gesetze, die bei der Nutzung des Internets greifen (online-Gesetze) und Vorschriften,

---

[13] Koalitionsvertrag (106).

die unabhängig von der Übertragungsart von Bedeutung sind (offline-Gesetze). Fraglich ist, ob diese Gesetze auch für den hier zu untersuchenden Fall der Entwicklung und Einführung von Personalinformationssystemen greifen.

2.2.1.1.1.1 Spezialgesetzliche Online-Gesetze

Bei den so genannten online-Gesetzen handelt es sich um Gesetze, die Bestimmungen enthalten, die mit der Verwendung des Internets einhergehen. Die zwei bekanntesten Gesetze sind in diesem Zusammenhang das Telekommunikations- und das Telemediengesetz. Das Telekommunikationsgesetzes (TKG) gelangt zur Anwendung, wenn der angebotene Dienst ein Telekommunikationsdienst ist, also ein Dienst, der aus der Übertragung von Signalen über Telekommunikationsnetze besteht (rein technische Übertragung von Daten). Wichtigstes Beispiel für einen solchen Dienst ist das VoI-Protokoll. Das Telemediengesetz (TMG) hingegen greift ein, wenn neben der Übertragung von Signalen auch eine inhaltliche Dienstleistung angeboten wird, wie zum Beispiel bei den E-Mail-Diensten[14]. Fraglich ist, ob diese Gesetze auch bei der elektronischen Kommunikation am Arbeitsplatz Anwendung finden.

Bei der Kommunikation am Arbeitsplatz über das Internet oder Intranet greifen die datenschutzrelevanten Regelungen des Telekommunikationsgesetzes oder des Telemediengesetzes nur dann ein, wenn der Arbeitgeber für seine Beschäftigten einen Telekommunikationsdienst bereitstellt. Der Arbeitgeber muss also als Anbieter von Telekommunikationsdiensten auftreten (§ 11 TMG) beziehungsweise die Bereitstellung geschäftsmäßig erbringen (§§ 3 Nr.10 und 91 TKG). Dies ist bei der Bereitstellung von Kommunikationseinrichtungen im Rahmen von Arbeitsverhältnissen jedoch zu verneinen, soweit die Bereitstellung zu rein dienstlichen Zwecken erfolgt[15]. Nur wenn der Arbeitgeber die Kommunikationseinrichtungen auch zur privaten Nutzung zur Verfügung stellt, liegt für diese Sachverhalte ein nach dem Telemediengesetz gefordertes Anbieter-Nutzer-Verhältnis respektive eine nach dem Telekommunikationsgesetz geforderte geschäftsmäßige Erbringung von Telekommunikationsleistungen gegenüber Dritten vor[16].

Da im Rahmen dieser Studie nur datenschutzrechtliche Fragestellungen im Zusammenhang mit der Entwicklung und Einführung von Personalinforma-

---

[14] Kühling, Datenschutzrecht, S.247.
[15] Schild/Tinnefeld, DuD 2009, 469 (472); Gola, Datenschutz am Arbeitsplatz, Rn.154.
[16] Gola, Datenschutz am Arbeitsplatz, Rn.130.

tionssystemen behandelt werden und die in diesem Zusammenhang bei der Nutzung des Internets/Intranets entstehenden Daten nur für eine dienstliche Nutzung vorgesehen sind, kommen weder das Telekommunikationsgesetz noch das Telemediengesetz als vorrangige spezialgesetzliche Regelungen in Betracht.

Ein weiteres online-Gesetz, dass insbesondere im Rahmen von datenschutzrechtlichen Fragestellungen im Bereich des E-Commerce Anwendung findet, ist das Signaturgesetz. Regelungsgegenstand dieses Gesetzes ist es, Rahmenbedingungen für elektronische Signaturen zu schaffen. Im Kontext dieser Untersuchungen wird davon ausgegangen, dass elektronische Signaturen grundsätzlich keine Rolle bei der Entwicklung und Einführung von Personalinformationssystemen spielen, mithin das Signaturgesetz keine Anwendung findet.

2.2.1.1.1.2 Spezialgesetzliche Offline-Gesetze

Der Katalog an Vorschriften, die unabhängig von der Übertragungsart eine Übermittlung oder Nutzung von personenbezogenen Daten der Beschäftigten regeln, ist umfangreich. Aufgrund gesetzlicher Normen sind über 200 Einzelangaben nach mehr als 100 Gesetzen und Verordnungen zu führen und nach mehr als 300 Vorschriften sind über 200 Datenübermittlungen erforderlich[17]. Zu nennen sind in diesem Zusammenhang insbesondere die Regelungen der Datenerfassungs- und –Übermittlungsverordnung (DEÜV), die anzuwenden sind, wenn der Arbeitgeber bestimmte Meldungen nach dem Sozialgesetzbuch machen muss, Bestimmungen aus den Sozialgesetzbüchern, Vorschriften des Jugendarbeits,- Mutter- und Schwerbehindertenschutzes sowie Meldungen nach dem Arbeitnehmerüberlassungs- oder dem Arbeitszeitgesetz. Diese Vorschriften sind vorrangig vor den allgemeinen Datenschutzgesetzen (BDSG oder LDSG) anzuwenden.

2.2.1.1.2 Allgemeiner Datenschutz nach dem BDSG bei der Erstellung und Einführung von PIS

Soweit im konkreten Einzelfall keine spezialgesetzlichen Vorschriften eingreifen, finden die allgemeinen Datenschutzgesetze Anwendung. Allgemeine Regelungen zum Datenschutz finden sich zum einen im Bundesdatenschutzgesetz (BDSG) und zum anderen in den verschiedenen Landesdatenschutzgesetzen (LDSG). Es ist daher zu klären, ob für die vorliegenden Untersuchungen Bundes- oder Landesrecht gilt.

---

[17] Taday, Informationelle Selbstbestimmung in IuK-Systemen, S.174.

Über die Frage, ob für den Arbeitnehmerdatenschutz das Bundes- oder das entsprechende Landesdatenschutzgesetz eingreift, gibt das Grundgesetz Auskunft. Die Grundsatzregelung steht in Art. 70 Abs. 1 GG. Danach steht den Ländern das Recht zur Gesetzgebung zu, soweit das Grundgesetz dem Bund keine entgegenstehende Gesetzgebungsbefugnis erteilt. Für den Bereich des Datenschutzes gibt es im Grundgesetz keine spezifische Gesetzgebungsbefugnis des Bundes. Aufgrund der Vielfalt der im Bundesdatenschutzgesetz angesprochenen Verarbeitungszusammenhänge gibt es auch keinen einheitlichen, die gesamte Regelungsbreite des Datenschutzes abdeckenden Anknüpfungspunkt für eine einheitliche landes- oder bundesrechtliche Gesetzgebungsbefugnis. Die Kompetenz des Bundes beziehungsweise Landes für den Erlass von Datenschutzgesetzen orientiert sich daher je nach Einzelfall am Regelungsgegenstand der jeweiligen bereichsspezifischen Materie. Im Rahmen der vorliegenden Untersuchung geht es um den Datenschutz im Rahmen von Arbeitsverhältnissen. Diese Materie lässt sich dem Arbeitsrecht zuordnen. Für das Arbeitsrecht erteilt das Grundgesetz dem Bund die konkurrierende Gesetzgebungsbefugnis nach Art. 74 Abs.1 Nr.12 GG. Die Länder sind in diesem Fall nur dann befugt eigene Gesetze zu erlassen, wenn der Bund von seiner Gesetzgebungsbefugnis keinen Gebrauch gemacht hat. Dies ist jedoch nicht der Fall: mit dem Bundesdatenschutzgesetz hat der Bund ein Gesetz erlassen, das zwar nicht bereichsspezifisch, jedoch allgemein den Datenschutz der Beschäftigten regelt. Soweit also arbeitsrechtliche Sachverhalte betroffen sind, verdrängt das Bundesrecht das Landesrecht, mithin das Bundesdatenschutzgesetz die Landesdatenschutzgesetze.

2.2.1.1.3 Berücksichtigung des Betriebsverfassungsgesetzes bei der Erstellung und Einführung von PIS

Das Bundesdatenschutzgesetz stellt ein individualrechtliches Regelungssystem auf, indem es dem Datenverarbeiter bestimmte Pflichten auferlegt und dem Betroffenen Rechte gegenüber der Daten verarbeitenden Stelle einräumt[18]. Eine Einschaltung kollektiver Interessenvertretungen wie zum Beispiel dem Betriebsrat, ist in diesem Gesetz nicht geregelt. Aus diesem Grund sind bei der Entwicklung und Einführung von Personalinformationssystemen neben dem Bundesdatenschutzgesetz und einzelnen spezialgesetzlichen Eingriffsgrundlagen grundsätzlich auch die Vorschriften des Betriebsverfassungsgesetzes (BetrVG) zu berücksichtigen.

---

[18] Franz, Personalinformationssysteme und Betriebsverfassung, S.63.

Auf kollektivrechtlicher Ebene gibt es weiterhin Tarifverträge, die im Einzelfall Anwendung finden können. Dabei kann der Tarifvertrag zum einen datenschutzrechtliche Aspekte, die den Inhalt, den Abschluss oder die Beendigung von Arbeitsverhältnisses ordnen, regeln und zum anderen Rechtsnormen zu betrieblichen oder betriebsverfassungsrechtlichen Fragen (§ 1 Abs.1 TVG) enthalten.

2.2.1.2 Definition und Abgrenzung der Anwendungsbereiche der verschiedenen Datenschutzregelungen auf vertikaler (internationaler) Ebene

Es gibt eine Vielzahl internationaler, europäischer und unionsrechtlicher Bestimmungen zum Datenschutz. Zu klären ist, ob diese für die vorliegenden Untersuchungen maßgeblich sind.

2.2.1.2.1 Internationale Regelungen

Auf internationaler Ebene gibt es die von der Generalversammlung der Vereinten Nationen 1990 aufgestellten „Richtlinien betreffend personenbezogene Daten in automatisierten Dateien" oder die vom Ministerrat der OECD 1980 verabschiedeten „Leitlinien für den Schutz des Persönlichkeitsbereichs und den grenzüberschreitenden Verkehr personenbezogener Daten"[19]. Da diese Regelungen völkerrechtlich nicht verpflichtend sind und nur einen empfehlenden Charakter an die Mitgliedsstaaten haben, sind sie für den vorliegenden Leitfaden irrelevant.

2.2.1.2.2 Europäische Regelungen – Europarecht im weiteren Sinne

Auf europäischer Ebene besteht mit Art. 8 Abs. 1 EMRK ein Grundrecht auf Achtung des Privatlebens und der Korrespondenz, dass zwar in Deutschland formell nur den Status eines einfachen Gesetzes hat, vom Bundesverfassungsgericht aber so ausgelegt wird, dass es de facto verfassungsrechtlichen Rang hat[20]. Weiterhin gibt es die 1985 in Kraft getretene und völkerrechtlich verbindliche Datenschutz-Konvention des Europarats, die letztendlich auch als Vorlage für die erste allgemeine Datenschutzrichtlinie der EG diente. Sowohl die europäische Menschenrechtskonvention als auch die Datenschutz-Konvention beruhen auf völkerrechtlichen Verträgen zwischen den teilnehmenden Staaten. Solange es keinen expliziten innerstaatlichen Umsetzungsakt gibt, erzeugt ihr Recht mithin keine unmittel-

---

[19] Di Martino, Datenschutz im europäischen Recht, S.43.
[20] Schweizer, DuD 2009, 462 (463).

bare Rechtswirkung innerhalb der mitgliedsstaatlichen Rechtsordnung, sondern berechtigt und verpflichtet nur die Staaten selbst[21]. Diese Regelungen sind mithin nicht unmittelbar auf die Rechtsbeziehung zwischen dem Arbeitgeber und seinen Arbeitnehmern anwendbar.

2.2.1.2.3 Unionsrechtliche Regelungen – Europarecht im engeren Sinne

Auf unionsrechtlicher Ebene muss zwischen dem Primärrecht und dem Sekundärrecht unterschieden werden. Das Primärrecht ist das ranghöchste Recht der Europäischen Union und steht quasi wie eine nationale Verfassung an der Spitze der Rechtsordnung. Es besteht in erster Linie aus den völkerrechtlich verbindlichen Verträgen zur Gründung der Europäischen Gemeinschaften und der Europäischen Union. Das vom Primärrecht abgeleitete Sekundärrecht sind die von den Organen der Europäischen Gemeinschaft erlassenen Rechtsakte (Verordnungen, Richtlinien, Entscheidungen und rechtlich nicht verbindliche Empfehlungen).

Im Rahmen des geltenden Primärrechts bildet Art. 286 EG die einzige explizit datenschutzrechtliche Gesetzgebungsgrundlage[22]. Artikel 286 EG regelt die Geltungserweiterung des an die Mitgliedsstaaten gerichteten richtliniengestützten europäischen Datenschutzrechts auf die Organe und Einrichtungen der Gemeinschaft. Da es sich um keine Regelung mit Außenwirkung handelt, kann ihr keine unmittelbare Wirkung innerhalb der Mitgliedsstaaten zukommen. Art. 7 der EU-Charta (entspricht weitestgehend Art. 8 EMRK) und Art. 8 der EU-Charta (normiert explizit ein Datenschutzgrundrecht) sind schließlich am 1. Dezember 2009 in Kraft getreten. Die Grundrechtecharta bindet die Gemeinschaftsorgane und die Organe der Mitgliedsstaaten, soweit diese Gemeinschaftsrecht ausführen. Eine Geltung im Privatrechtsverhältnis besteht grundsätzlich nicht.

Auf sekundärrechtlicher Ebene prägen gegenwärtig drei Richtlinien des Gemeinschaftsrechts die nationale Datenschutzgesetzgebung der Mitgliedsstaaten der Europäischen Union:

- Richtlinie vom 24.10.1995 zum Schutz natürlicher Personen bei der Verarbeitung personenbezogener Daten und zum freien Datenverkehr

---

[21] Di Martino, Datenschutz im europäischen Recht, S.49.
[22] Kühling, Datenschutzrecht, S.43.

- Richtlinie vom 12.7.2002 über die Verarbeitung personenbezogener Daten und zum Schutz der Privatsphäre in der elektronischen Kommunikation (Datenschutzrichtlinie für elektronische Kommunikation) und
- Richtlinie vom 15.3.2006 über die Vorratsspeicherung von Daten, die bei der Bereitstellung öffentlich zugänglicher elektronischer Kommunikationsdienste oder öffentlicher Kommunikationsnetze erzeugt oder verarbeitet werden.

Die unmittelbare Wirkung des Sekundärrechts hängt vom jeweiligen Rechtsakt ab. Für Rechtsverordnungen gilt der Grundsatz der unmittelbaren Wirkung uneingeschränkt, bei Richtlinien ist zu differenzieren:

Richtlinien wirken grundsätzlich nicht unmittelbar. Für ihre Anwendbarkeit in den Mitgliedsstaaten bedarf es grundsätzlich einer innerstaatlichen Umsetzung durch ein förmliches Gesetz. Nur in Ausnahmefällen, nämlich wenn eine Richtlinie nicht fristgerecht oder nicht ordnungsgemäß umgesetzt wurde, kann sie unmittelbar wirken[23]. Vorraussetzung dafür ist aber, dass die Richtlinienbestimmung inhaltlich so genau und konkret gefasst ist, dass sie sich zu einer unmittelbaren Anwendung eignet und keine unmittelbare Verpflichtung für einen Einzelnen beinhaltet. Diese Ausnahme gilt jedoch nur zwischen den Bürgern und dem Staat. Eine unmittelbare Wirkung von Richtlinien unter Privaten ist somit in jedem Fall ausgeschlossen.

Die drei Richtlinien des Gemeinschaftsrechts richten sich an die Gesetzgebungsorgane der Mitgliedsstaaten und fordern von diesen eine Umsetzung und Berücksichtigung im nationalen Recht. In diesem Buch wird untersucht, inwieweit private Unternehmen bei der Erstellung und Einführung von Personalinformationssystemen datenschutzrechtliche Belange der Mitarbeiter berücksichtigen müssen. Es handelt sich mithin um Fragestellungen im Rahmen von privatrechtlichen Beziehungen, sodass auch die Richtlinien für die vorliegenden Untersuchungen keine weitere Bedeutung haben.

Für die weiteren Ausführungen sind nur die Vorschriften des nationalen Rechts (BDSG, BetrVG und vereinzelte spezialgesetzliche Bestimmungen) anwendbar.

---

[23] Di Martino, Datenschutz im europäischen Recht, S.50.

2.2.1.3 Zwischenergebnis: Anwendbarkeit nationaler und/oder internationaler Rechtsvorschriften bei der Entwicklung und Einführung von PIS

Zusammenfassend sind hier noch einmal alle relevanten gesetzlichen Regelungen und ihre Anwendbarkeit auf Fragestellungen im Zusammenhang mit der Entwicklung und Einführung von Personalinformationssystemen in nicht öffentlichen Unternehmen aufgeführt.

Gesetz	Anwendbarkeit
Internationale Rechtsvorschriften	
Richtlinien betreffend personenbezogene Daten in automatisierten Dateien	völkerrechtlich nicht verpflichtende Regelungen mit nur empfehlendem Charakter an die Mitgliedsstaaten.
Leitlinien für den Schutz des Persönlichkeitsbereichs und den grenzüberschreitenden Verkehr personenbezogener Daten	
europäische Menschenrechtskonvention (8 EMRK)	Keine unmittelbare Rechtswirkung ohne expliziten innerstaatlichen Umsetzungsakt.
Datenschutzkonvention des Europarats	
EU-Charta (Artikel 7 und Artikel 8)	Bindet nur die Organe der EU bzw. Der Mitgliedsstaaten.
EG-Vertrag (Artikel 286)	keine Regelung mit Außenwirkung.
Richtlinie vom 24.10.1995 zum Schutz natürlicher Personen bei der Verarbeitung personenbezogener Daten und zum freien Datenverkehr	Die drei Richtlinien des Gemeinschaftsrechts richten sich an die Gesetzgebungsorgane der Mitgliedsstaaten.
Richtlinie vom 12.7.2002 über die Verarbeitung personenbezogener Daten und zum Schutz der Privatsphäre in der elektronischen Kommunikation	
Richtlinie vom 15.3.2006 über die Vorratsspeicherung von Daten, die bei der Bereitstellung öffentlich zugänglicher elektronischer Kommunikationsdienste oder öffentlicher Kommunikationsnetze erzeugt oder verarbeitet werden	
Nationale Rechtsvorschriften (online-Gesetze)	
Telekommunikationsgesetz	Nur bei privater Nutzung von Kommunikationseinrichtungen.
Telemediengesetz	
Signaturgesetz	Regelungsbereich (Rahmenbedingungen für elektronische Signaturen) spielt für PIS keine Rolle.

Nationale Rechtsvorschriften (offline-Gesetze)	
Einzelvorschriften aus verschiedenen Gesetzen mit Bezug zum Datenschutz (zum Beispiel SGB X oder DEÜV)	Vorrangig anwendbar
Landesdatenschutzgesetze	Für das Arbeitsrecht greift die konkurrierende Gesetzgebungsbefugnis des Bundes.
Bundesdatenschutzgesetz	Anwendbar, soweit keine Einzelvorschriften im Spezialgesetz vorrangig anwendbar sind.
Betriebsverfassungsgesetz	Auf kollektivrechtlicher Ebene anwendbar.
Tarifvertrag	Auf kollektivrechtlicher Ebene anwendbar.

Tabelle 1: gesetzliche Regelungen und ihre Anwendbarkeit auf Fragestellungen im Zusammenhang mit der Entwicklung und Einführung von Personalinformationssystemen.

2.2.2 Das informationelle Selbstbestimmungsrecht als Grundlage für den Datenschutz in Deutschland

Ausgangspunkt für den Umfang und die Wirkung des Datenschutzes ist dessen grundrechtliche Verankerung als informationelles Selbstbestimmungsrecht. Dieses Grundrecht kann man unter den Schutzbereich des im Grundgesetz in den Artikeln 2 Abs. 1 GG und 1 Abs. 1 GG verankerten allgemeinen Persönlichkeitsrechts subsumieren. Mit dem Volkszählungsurteil[24] wurde das informationelle Selbstbestimmungsrecht durch das Bundesverfassungsgericht im Jahr 1983 offiziell etabliert. Dort heißt es:

„Das Grundrecht gewährleistet [.....] die Befugnis des einzelnen, grundsätzlich selbst über die Preisgabe und Verwendung seiner persönlichen Daten zu bestimmen"

Das Recht auf informationelle Selbstbestimmung wird jedoch nicht schrankenlos gewährt. Der Einzelne muss Einschränkungen akzeptieren, wenn diese im überwiegenden Allgemeininteresse erfolgen[25] und der Eingriff bestimmten Anforderungen genügt.

---

[24] BVerfGE 65, 1 ff.
[25] Taday, Informationelle Selbstbestimmung in IuK-Systemen, S.55.

2.3 Ein angepasstes Phasenmodell zur systematischen Abhandlung der datenschutzrechtlichen Fragestellungen

Um mögliche Gefährdungen des informationellen Selbstbestimmungsrechts der Beschäftigten und datensicherheitsrechtliche Risiken bei der Entwicklung und Einführung von Personalinformationssystemen von Beginn an zu minimieren ist es erforderlich, die relevanten Datenschutzanforderungen frühzeitig zu identifizieren und die daraus folgende Umsetzung in geeignete Datenschutz- und Datensicherheitsmaßnahmen sorgfältig zu strukturieren. Dazu ist es hilfreich, die für die Entwicklung und Einführung des Informationssystems erforderlichen Schritte in einzelne überschaubare Phasen zu zerlegen. Den einzelnen Phasen können dann konkrete Datenschutzanforderungen sowie Datenschutz- und Datensicherheitsmaßnahmen zeitlich und logisch zugeordnet werden.

Die Aufteilung der Entwicklungsschritte in einzelne Projektphasen (zum Beispiel Initialisierung, Entwurf und Inbetriebnahme) und alle dazu erforderlichen Aufgaben bezeichnet man als Systementwicklung[26]. Um die Art der Durchführung und die Reihenfolge der Teilaufgaben einer Systementwicklung zu beschreiben, verwendet man so genannte Vorgehensmodelle[27].

Im Folgenden werden zunächst einige klassische Vorgehensmodelle untersucht, um anschließend ein für den vorliegenden Leitfaden angepasstes datenschutzspezifisches Modell zu entwickeln.

2.3.1 Beschreibung von Vorgehensmodellen

In der Literatur werden unterschiedliche Vorgehensmodelle diskutiert, wobei hier nur einige wichtige dargestellt werden.

Zunächst gibt es die Modelle, die von einer schrittweisen Entwicklung des Gesamtsystems ausgehen (Phasen), wie zum Beispiel das Phasen-, Wasserfall- oder Spiralmodell.

Das **Phasenmodell** zergliedert den Lebenszyklus eines Systems bis zu seiner Inbetriebnahme in zeitlich und/oder logisch aufeinander folgende Aufgabenbereiche (Phasen). Bei der Bezeichnung und Einteilung der

---

[26] Schwarze, Systementwicklung, S.28.
[27] Schwarze, Systementwicklung, S.45.

jeweiligen Phasen gibt es unterschiedliche Ansichten in der Literatur. Nach Schwarze gibt es folgende fünf Phasen[28]:

- Initialisierungsphase
- Analysephase
- Entwurfsphase
- Realisierungsphase sowie
- Nutzungsphase

Eine Erweiterung des Phasenmodells ist das **Wasserfallmodell**. Der Hauptunterschied zum Phasenmodell besteht hier in der Rückkoppelungs-möglichkeit zwischen den Phasen durch eine Qualitätssicherung. Am Ende jeder Phase gibt es eine Qualitätskontrolle, die eine Überprüfung des Phasenergebnisses erzwingt und bei Nichteinhaltung der Qualitätsvorga-ben der entsprechenden Phase ein Zurückspringen in eine frühere Phase ermöglicht[29].

Die Weiterentwicklung des Wasserfallmodells ist das **Spiralmodell**. Dieses Modell zeigt in jeder Phase eine feste Folge von vier wiederkehrenden Aktivitäten (Zielbestimmung, Risikoanalyse und Prototyping, Durchführen der Phasenaktivität sowie Planung der nächsten Phase)[30]. Hauptunter-schied zum Wasserfallmodell sind das Prototyping und die Risikoanalyse in jeder einzelnen Phase.

Im Gegensatz zu den bisherigen drei Modellen wird bei der **inkrementel-len Systementwicklung** keine zeitliche und/oder logische Abfolge von Entwicklungsschritten zu Grunde gelegt. Hier werden die zu entwickelnden Informationssysteme in einzelne Module zerlegt, die weitgehend autonom und zeitversetzt entwickelt werden können[31].

Um den Entwicklungsprozess des Personalinformationssystems als solchen zu planen, sollte eine Organisation auf das Spiralmodell oder eine inkre-mentelle Systementwicklung zurückgreifen, da diese Modelle insbesondere bei größeren IT-Projekten der praktischen Vorgehensweise in der Realität entsprechen.

---

[28] Schwarze, Systementwicklung, S.56.
[29] Balzert: Lehrbuch der Software-Technik, S.100.
[30] Balzert: Lehrbuch der Software-Technik, S.129.
[31] Schwarze, Systementwicklung, S.59.

Für die Untersuchung der bei der Entwicklung und Einführung von Personalinformationssystemen zu berücksichtigenden datenschutzrelevanten Aspekte ist das klassische Phasenkonzept ausreichend. Eine Rückkoppelung oder ein Prototyping ist für die Darlegung theoretischer Datenschutzkonzepte überflüssig und wird erst dann relevant, wenn es um die praktische Umsetzung dieser Konzepte in realen Systemen geht.

2.3.2 Die einzelnen Phasen des datenschutzspezifischen Phasenmodells

Die Phasen, die für die weiteren Untersuchungen vorausgesetzt werden, sind angelehnt an ein klassisches Phasenmodell. Allerdings beziehen sich die Inhalte und Aufgaben, die in jeder Phase maßgeblich sind, ausschließlich auf datenschutzrelevante Aspekte.

2.3.2.1 Planungsphase

Ausgangslage jedes IT-Projekts ist zunächst ein aktuelles oder potentielles Problem im Unternehmen, dass man mit Hilfe von Software lösen möchte. Da es vorliegend um Personalinformationssysteme geht, wird es sich um Probleme aus dem Bereich der Personalwirtschaft handeln (zum Beispiel Einführung eines Beschaffungsmanagementsystems, um langwierige Auswahl- und Einstellungsverfahren effizienter zu gestalten).

In einem ersten Schritt muss das Unternehmen die für das geplante Softwareprojekt relevanten datenschutzrechtlichen Rahmenbedingungen identifizieren. Weiterhin muss es prüfen, ob diese Gesetze eine Beteiligung weitere Stellen (zum Beispiel des Betriebsrats oder des Datenschutzbeauftragten) voraussetzen oder aber ob aus wirtschaftlichen Gesichtspunkten eine frühzeitige Einbeziehung dieser Stellen sinnvoll ist. Abschließend sind die Voraussetzungen an eine Einbeziehung oder Beteiligung dieser Stellen zu untersuchen und die Aufgabenbereiche und Mitbestimmungsrechte inhaltlich abzugrenzen.

2.3.2.2 Analysephase

Im Rahmen der Analysephase muss der Arbeitgeber die in der Planungsphase identifizierten Datenschutzgesetze auf das geplante Personalinformationssystem anwenden. In einer ersten Prüfung muss festgestellt werden, ob aus datenschutzrechtlicher Sicht überhaupt weiterer Handlungsbedarf besteht. Dies ist nur dann der Fall, wenn durch den Einsatz des künftigen Personalinformationssystem in das informationelle Selbstbestimmungsrecht der Beschäftigten eingegriffen wird (Vorliegen eines

Eingriffs). In einem zweiten Schritt werden dann die Anforderungen (Prinzipien und Grundsätze), nach denen ein Eingriff in das informationelle Selbstbestimmungsrecht der Betroffenen gerechtfertigt ist, untersucht.

2.3.2.3 Konzeptionsphase

In der Konzeptionsphase geht es um die Spezifikation der in der Analysephase identifizierten datenschutzrechtlichen Anforderungen in konkrete Datenschutz- und Datensicherheitsmaßnahmen. Es müssen spezifische Lösungen gefunden und entsprechende Algorithmen und Konzepte entwickelt werden. Die Ergebnisse werden in einem Datenschutz- sowie in einem Sicherheitskonzept dokumentiert.

2.3.2.4 Realisierungsphase

Die Ergebnisse der Konzeptionsphase werden in der Realisierungsphase in einer Programmiersprache codiert und getestet. Die Programmierung hat nach bestimmten Prinzipien zu erfolgen, um eine datenschutzrechtliche Kontrolle der Programme zu ermöglichen. Im Rahmen der Tests muss der Schutz der personenbezogenen Testdaten sichergestellt werden.

2.3.2.5 Einführungsphase

In der Einführungsphase wird das Personalinformationssystem in Betrieb genommen und entsprechende Umstellungsmaßnahmen werden durchgeführt. Mit Hilfe von Benutzerhandbüchern und Schulungen müssen den Beschäftigten die für den Umgang mit dem Personalinformationssystem erforderlichen datenschutzrechtlichen Kenntnisse sowie dessen Bedeutung vermittelt werden. Die Datenübernahme erfordert den besonderen Schutz des neuen und alten Datenbestandes.

2.3.2.6 Nutzungsphase

Während des laufenden Betriebs des Personalinformationssystems hat die Wartung eine besondere datenschutzrechtliche Relevanz. Die Wartung hat so zu erfolgen, dass das informationelle Selbstbestimmungsrecht der Beschäftigten nicht verletzt wird. Die Grundsätze der Auftragsdatenverarbeitung sind dabei zu berücksichtigen. Die in der Konzeptionsphase spezifizierten und im Rahmen der Schulungen eingeführten Datensicherheitsmaßnahmen müssen durch die Personalabteilung im Unternehmensalltag beachtet und umgesetzt werden.

3 Datenschutzrechtliche Anforderungen an die Umsetzung von Datenschutz- und Datensicherheitsmaßnahmen bei der Entwicklung und Einführung von PIS

Im Rahmen des dritten Teils werden zum einen die datenschutzrechtlichen Anforderungen an das Personalinformationssystem als solches als auch die von den Mitarbeitern zu beachtenden Datensicherheitsmaßnahmen bei der Entwicklung und Einführung des Systems erläutert.

Neben dieser rein theoretischen Darstellung der juristischen und technischen Fakten wird der Unternehmensleitung zudem die Bedeutung und Wichtigkeit des Beschäftigtendatenschutzes und die Notwendigkeit, diesen als Bestandteil der Unternehmensstrategie zu sehen, vermittelt.

Die Unternehmensstrategie ist projektunabhängig und sollte schon vor der eigentlichen Systementwicklung feststehen. Die Unternehmensstrategie wird durch Unternehmensziele bestimmt. Zu den Unternehmenszielen gehören ökonomische und soziale Ziele sowie Macht- und Prestigeziele[32].

Das für ein Unternehmen in der Regel wichtigste Ziel ist sicherlich das Gewinnstreben. Dieses Ziel scheint auf den ersten Blick in einem Zielkonflikt mit dem Datenschutz zu stehen, denn durch die Realisierung geeigneter Datenschutzmaßnahmen fallen zunächst einmal Kosten an: So entstehen zum Beispiel Personalkosten für die Bestellung eines Datenschutzbeauftragten, Lohnkosten wachsen auf Grund von Schulungsmaßnahmen und der Verstärkung der Datenschutzabteilung und Sachkosten steigen insbesondere durch die zu ergreifenden Sicherheitsmaßnahmen. Durch die Einschaltung eines Datenschutzbeauftragten können zudem Machtkonflikte innerhalb der Unternehmung auftreten, da der Datenschutzbeauftragte nicht den Weisungen der Unternehmensleitung untersteht. Ein unmittelbarer Nutzen scheint nicht ersichtlich und der eigentliche Vorteil einer Datenschutzmaßnahme wird häufig erst dann sichtbar, wenn ein Fall von Datenmissbrauch schon eingetreten oder eine Geldbuße festgesetzt worden ist[33].

---

[32] Taday, Informationelle Selbstbestimmung in IuK-Systemen, S.158.
[33] Taday, Informationelle Selbstbestimmung in IuK-Systemen, S.162.

Im Zusammenhang mit der Bestellung eines Datenschutzbeauftragten während der Planungsphase wird beispielhaft gezeigt, dass diese Sichtweise zu einseitig und nicht haltbar ist.

3.1 Planung

In der Planungsphase muss das Unternehmen Vorüberlegungen zu den rechtlichen Rahmenbedingungen des Projektes treffen. Dabei werden die Unternehmensziele und die Unternehmensstrategie einen erheblichen Einfluss auf die zu wählenden Datenschutzmaßnahmen und den Einsatz, mit dem diese Maßnahmen im Unternehmen später umgesetzt werden, haben.

Zunächst muss Klarheit darüber bestehen, welche Gesetze oder Regelungen im konkreten Einzelfall Anwendung finden. In einem weiteren Schritt ist zu prüfen, ob diese Gesetze möglicherweise eine frühzeitige Beteiligung des Betriebsrats oder eine Bestellung des Datenschutzbeauftragten vor Aufnahme des Systembetriebs vorschreiben beziehungsweise eine solche Einbeziehung unter wirtschaftlichen oder sozialen Gesichtspunkten angebracht ist. Ist dies der Fall, muss geklärt werden, welche formalen und inhaltlichen Voraussetzungen an die Einbeziehung des Datenschutzbeauftragten oder des Betriebsrates gestellt werden und welche Reichweite ihre jeweiligen Mitwirkungs- respektive Beteiligungsrechte haben.

3.1.1 Anwendbarkeit des BDSG, BetrVG und von Tarifverträgen im Einzelfall

Im zweiten Teil dieser Untersuchungen wurde festgestellt, dass das Bundesdatenschutzgesetz grundsätzlich auf den Beschäftigtendatenschutz Anwendung findet. Der Arbeitgeber muss in der Planungsphase prüfen, ob das Bundesdatenschutzgesetz auch in seinem konkreten Einzelfall einschlägig ist. Dies ist nur dann der Fall, wenn sowohl der sachliche als auch der räumliche Anwendungsbereich des Bundesdatenschutzgesetzes eröffnet ist.

Gemäß § 1 Abs.2 Nr.3 BDSG ist das Bundesdatenschutzgesetz sachlich anwendbar, wenn es sich bei der verantwortlichen Stelle um

- eine nicht öffentliche Stelle handelt[34] und diese
- Daten unter Einsatz von Datenverarbeitungsanlagen oder aus nicht automatisierten Dateien für nicht ausschließlich persönliche oder familiäre Tätigkeiten verarbeitet, nutzt oder dafür erhebt.

Als nicht-öffentliche Stelle definiert § 2 Abs.4 BDSG natürliche und juristische Personen, Gesellschaften und andere Personenvereinigungen des privaten Rechts; auf die Rechtsform kommt es hierbei nicht an. Weiterhin sollen die Daten aus dem Personalinformationssystem unter Einsatz von Datenverarbeitungsanlagen verarbeitet werden. Eine Datenverarbeitungsanlage[35] gemäß § 3 Abs.2 BDSG ist zum Beispiel ein Computer. Zuletzt muss das Personalinformationssystem auch in dem Unternehmen eingeführt werden, um Mitarbeiterdaten für dienstliche Zwecke zu erheben, zu verarbeiten oder zu nutzen.

Auch der räumliche Anwendungsbereich muss eröffnet sein. Sofern der Sitz des Unternehmens in einem EU-Mitgliedsstaat ist, ist das jeweils nationale Datenschutzrecht, in dem die datenerhebende Stelle ihren Sitz hat, anwendbar, unabhängig davon, wo der Datenumgang stattfindet[36], § 1 Abs.5 S.4 BDSG. Falls das Unternehmen jedoch eine Niederlassung in Deutschland hat, gilt grundsätzlich das Territorialprinzip, das bedeutet es gilt das deutsche Datenschutzrecht. Beim Umgang mit personenbezogenen Daten in Deutschland durch eine außerhalb der EU gelegene verantwortliche Stelle greift hingegen deutsches Datenschutzrecht ein[37]. Das heißt, der räumliche Anwendungsbereich ist eröffnet, wenn

- die verantwortliche Stelle entweder ihren Sitz oder eine Niederlassung in Deutschland hat oder
- der Datenumgang in Deutschland stattfindet, ohne dass das Unternehmen seinen Sitz beziehungsweise. eine Niederlassung in Deutschland oder dem EG/EWR-Ausland hat.

---

[34] Für öffentliche Stellen gilt das BDSG natürlich gleichermaßen (§ 1 Abs.2 Nr.1 und Nr.2 BDSG), allerdings richten sich die Ergebnisse des vorliegenden Leitfadens nur an nicht-öffentliche Stellen.
[35] Gabler Wirtschaftslexikon, Stichwort: elektronische Datenverarbeitungsanlage (EDVA).
[36] Wächter, Datenschutz im Unternehmen, Rn.160.
[37] Kühling, Datenschutzrecht, S.127.

Auf kollektivrechtlicher Ebene könnte weiterhin das Betriebsverfassungsgesetz anwendbar sein. Dieses Gesetz findet jedoch nur dann im Einzelfall
Anwendung, wenn es in dem entsprechenden Betrieb einen Betriebsrat
gibt (sachlicher Anwendungsbereich). Gemäß § 1 Abs.1 BetrVG werden in
Betrieben mit in der Regel mindestens fünf ständigen wahlberechtigten
Arbeitnehmern (alle Arbeitnehmer ab 18 Jahren, § 7 S.1 BetrVG), von
denen drei wählbar sind (alle Wahlberechtigten mit sechsmonatiger Be-
triebsangehörigkeit, 8 Abs.1 S.1 BetrVG) Betriebsräte gewählt. Für die
örtliche Anwendbarkeit ist ausreichend, dass es sich um einen inländi-
schen Betrieb handelt, unabhängig vom Sitz des Unternehmens[38].

Möglicherweise besteht für das Unternehmen auch ein Tarifvertrag, in
dem datenschutzrelevante Aspekte geregelt werden. Diese sind für den
Arbeitgeber und die Beschäftigten verbindlich, soweit der Tarifvertrag im
Einzelfall Anwendung findet. Voraussetzung ist, dass entweder beiderseiti-
ge Tarifbindung besteht (§ 4 Abs.1 TVG), die Arbeitsverträge im Unternehmen auf diesen Tarifvertrag Bezug nehmen oder aber der Tarifvertrag
vom Bundesministerium für Arbeit und Soziales oder den jeweiligen
Landesarbeitsministerien für allgemeinverbindlich erklärt worden ist (§ 5
Abs.4 TVG). Werden im Tarifvertrag auch Rechtsnormen zu betrieblichen
oder betriebsverfassungsrechtlichen Fragen geregelt, ist es ausreichend,
dass der Arbeitgeber den Vertrag abgeschlossen hat oder er Mitglied des
vertragsschließenden Verbandes ist; eine weitere Tarifbindung der Arbeitnehmer ist nicht erforderlich, § 3 Abs.2 TVG.

Zusammenfassend noch einmal ein Überblick über den sachlichen und
örtlichen Anwendungsbereich der in Frage stehenden Gesetze.

---

[38] Kloppenburg, in: Düwell, Betriebsverfassungsgesetz, § 1 Rn.41.

Gesetz	Sachlicher Anwendungsbereich	Räumlicher Anwendungsbereich
BDSG	• AG ist eine nicht öffentliche Stelle. • AG verarbeitet, nutzt oder erhebt Daten unter Einsatz von Datenverarbeitungsanlagen. • AG verarbeitet, nutzt oder erhebt Daten für nicht ausschließlich persönliche oder familiäre Tätigkeiten.	• AG hat seinen Sitz in Deutschland. • Datenumgang findet in Deutschland statt, ohne dass der AG seinen Sitz bzw. eine Niederlassung in Deutschland oder dem EG/EWR-Ausland hat.
BetrVG	Im Unternehmen des AG gibt es einen Betriebsrat	AG ist ein inländischer Betrieb
TVG	• Beiderseitige Tarifbindung • Bezugnahme der Arbeitsverträge auf Tarifvertrag • Tarifvertrag ist für allgemeinverbindlich erklärt worden	

Tabelle 2: sachlicher und örtlicher Anwendungsbereich der relevanten Gesetze.

3.1.2 Beteiligung weiterer Stellen

Um den rechtlichen Rahmenbedingungen – wie sie das Betriebsverfassungsgesetz fordert – nachzukommen, muss die Unternehmensleitung zunächst den Betriebsrat so früh wie möglich in den Entwicklungsprozess einbeziehen[39]. So fordert zum Beispiel der Unterrichtungsanspruch gemäß § 80 Abs.2 BetrVG, dass der Betriebsrat rechtzeitig über die Entwicklung und Einführung von Personalinformationssystemen im Unternehmen zu informieren ist. Von Rechtzeitigkeit kann aber nur gesprochen werden, wenn der Betriebsrat in die Lage versetzt wird auf den Entscheidungsfindungsprozess des Arbeitgebers Einfluss zu nehmen. Aus diesem Grund ist er bereits im Stadium der Planung einer Maßnahme zu informieren[40].

Fraglich ist, ob auch eine frühzeitige Einbeziehungspflicht des Datenschutzbeauftragten in den Entwicklungsprozess besteht. Eine solche Pflicht besteht, wenn eine so genannte Vorabkontrolle durch den Datenschutzbeauftragten nach § 4d Abs.5 S.1 BDSG durchgeführt werden muss. Dies ist der Fall, soweit mit dem Personalinformationssystem eine automatisierte Verarbeitung von Daten beabsichtigt ist und diese besondere Risiken für die Rechte und Freiheiten der Betroffene aufweist (entweder weil besondere Arten personenbezogener Daten verarbeitet werden oder aber weil die Verarbeitung personenbezogener Daten dazu bestimmt ist, die Persön-

---

[39] Roßnagel, Handbuch Datenschutzrecht, S.195.
[40] Roßnagel, Handbuch Datenschutzrecht, S.195.

lichkeit, das Verhalten, die Fähigkeiten oder die Leistung des Betroffenen zu bewerten). Nur wenn diese automatisierte Verarbeitung von Daten gleichzeitig für die Durchführung des Arbeitsverhältnisses erforderlich ist, schließt sie die Pflicht zur Vorabkontrolle aus (§ 4d Abs. 5 S.1 BDSG). Bei der Speicherung der Religionszugehörigkeit zum Beispiel ist keine Vorabkontrolle erforderlich. Es handelt sich bei diesen Angaben zwar um besondere Daten nach § 3 Abs.9 BDSG, ihre Verarbeitung ist jedoch, soweit es um die Abgabe der Kirchensteuer geht, gesetzlich vorgeschrieben, mithin für die Durchführung des Arbeitsverhältnisses erforderlich. Anders jedoch bei Personalentwicklungsplanungssystemen. Deren Datenbanken enthalten umfassende Angaben über die Fähigkeiten und die Vorbildung der Betroffenen. Ihr Zweck besteht unter anderem darin, Aufstiegschancen des jeweiligen Mitarbeiters abzuwägen. Sie dienen daher der Persönlichkeitsbewertung (§ 4d Abs.5 S.1 Nr.2 BDSG) ohne gleichzeitig für die Durchführung des Arbeitsverhältnisses erforderlich zu sein. In diesem Fall ist also eine Vorabkontrolle durch den Datenschutzbeauftragten zwingend durchzuführen, und zwar gemäß § 4f Abs.1 S.6 BDSG unabhängig von der Anzahl der Beschäftigten im Unternehmen.

Besteht keine gesetzliche Pflicht zur frühzeitigen Bestellung eines Datenschutzbeauftragten, kann dessen Einbeziehung schon in die Planungsphase des Softwareentwicklungsprozesses aus wirtschaftlicher und sozialer Sicht sowie zum Aufbau eines guten Images und zur Förderung der Kundenbeziehungen sinnvoll sein. Ausgangspunkt der meisten Projekte wird es sein, die Wirtschaftlichkeit des Unternehmens zu steigern. Dieses Ziel erreicht das Management zum einen dadurch, dass es ein Personalinformationssystem einführt, das die Arbeitsabläufe effizienter und produktiver umsetzt als dies in der Vergangenheit der Fall war und zum anderen dadurch, dass es den Entwicklungsprozess möglichst kostengünstig gestaltet. Die Entwicklungskosten können reduziert werden, indem frühzeitig alle datenschutzrechtlich geforderten Maßnahmen erkannt und spezielle Maßnahmen ergriffen werden. Um diesen Prozess zu gewährleisten, sollte sich das Unternehmen dazu entschließen schon in der Planungsphase einen qualifizierten Datenschutzbeauftragten, der sich mit den erforderlichen Datenschutzbestimmungen und Datensicherheitsmaßnahmen auskennt, einzuschalten. Die Unternehmensleitung sollte die frühzeitige Einbeziehung des Datenschutzbeauftragten auch aus sozialen Erwägungen heraus ergreifen. Personalinformationssysteme bieten dem Arbeitgeber verstärkte Kontroll- und Überwachungsmöglichkeiten. Auf Grund der Multifunktionalität der Daten können diese beliebig verknüpft und nach unterschiedlichen Kriterien ausgewertet werden. Die Transparenz des Arbeitnehmers gegenüber dem Arbeitgeber nimmt daher durch den verstärkten Einsatz von Personalinformationssystemen kontinuierlich zu. Hinzu kommt, dass es sich speziell bei den Mitarbeiterdaten oft um besonders schutzwürdige Daten handelt. Diese Gefährdungspotentiale können die Arbeitsmoral und das Betriebsklima in erheblichem Maße beeinträchtigen und mittelfristig sogar zu einer Senkung der Produktivität der Belegschaft führen. Effektive Datenschutzmaßnahmen können hingegen die Motivation der Belegschaft - und somit langfristig die Produktivität -erhöhen, weil die Arbeitszufriedenheit durch das Wissen um einen verantwortungsbewussten Umgang mit den Arbeitnehmerdaten steigt[41]. Die Berücksichtigung von Datenschutzanforderungen kann sich auch auf die Beziehung zu Kunden eines Unternehmens positiv auswirken und dadurch zu einem Wettbewerbsvorteil führen. Wenn ein Unternehmen den Beschäftigtendatenschutz ernst nimmt, dann können Kunden davon ausgehen, dass ein übergreifendes Datenschutz- und Sicherheitskonzept auch die Kundenstammdaten vor Datenmissbrauch schützen. Zuletzt können auch Macht- und Prestigeziele mit der Durchführung geeigneter Datenschutzmaßnahmen gefördert werden. So steigt sicherlich das Image eines Unternehmens, wenn es das informationelle Selbstbestimmungsrecht seiner Mitarbeiter ausreichend gewährleistet. In jedem Fall ist die freiwillige Bestellung eines Datenschutzbeauftragten in der Phase der Planung des Personalinformationssystems ein erster Schritt dahingehend, den Datenschutz als festen Bestandteil der Unternehmensstrategie zu begreifen und schon auf Führungsebene praktisch umzusetzen.

Sollte es keine gesetzliche Verpflichtung zur Vorabkontrolle geben und sich das Unternehmen auch nicht freiwillig zu einer frühzeitigen Einschaltung des Datenschutzbeauftragten entschließen, kann sich eine Verpflichtung zur Bestellung eines Datenschutzbeauftragten zu einem späteren Zeitpunkt dennoch aus dem Gesetz ergeben. Das Bundesdatenschutzgesetz verpflichtet Unternehmen nach § 4f Abs.1 BDSG schriftlich einen Beauftragten für den Datenschutz zu bestellen, wenn die verantwortliche Stelle in der Regel mindestens zehn Personen ständig mit der automatisierten Verarbeitung personenbezogener Daten beschäftigt. Diese Pflicht besteht spätesten innerhalb eines Monats nach Aufnahme ihrer Tätigkeit (also der Erhebung, Verarbeitung oder Nutzung von personenbezogenen Daten)[42].

---

[41] Taday, Informationelle Selbstbestimmung in IuK-Systemen, S.164.
[42] Koch, Der betriebliche Datenschutzbeauftragte, S.40.

„In der Regel" bedeutet, dass für die Aufgabenerfüllung der automatisierten Verarbeitung von personenbezogenen Daten zehn Arbeitnehmer benötigt werden. Abzustellen ist dabei auf die normale Beschäftigtenzahl (zum Beispiel laut Organisationsplan) und nicht auf den Durchschnitt[43]. „Ständig" beschäftigt ist ein Arbeitnehmer, wenn er nicht nur vorübergehend dem Betrieb angehört. Selbst wenn die Arbeit nur gelegentlich anfällt, der Beschäftigte sie aber stets wahrzunehmen hat, liegt eine ständige Beschäftigung vor[44]. Mit der Verarbeitung beschäftigt sind zunächst die Arbeitnehmer, die unmittelbar an der Datenverarbeitungsanlage tätig sind (zum Beispiel die Sachbearbeiter)[45]. Findet eine inhouse Programmierung statt, so zählen auch die an dem Projekt beteiligten Programmierer zu diesem Personenkreis. Aber auch die mit Vor- und Nacharbeiten betrauten Arbeitnehmer, wie zum Beispiel der für die Versendung von Bescheinigungen zuständige Angestellte, sind hier mitzuzählen[46].

Das Unternehmen sollte bei der Einführung von Personalinformationssystemen aufgrund wirtschaftlicher und sozialer Erwägungen sowie zur Pflege der Kundenbeziehungen und des eigenen Images und unter Umständen bestehender rechtlicher Verpflichtungen (Vorabkontrolle) bereits in der Vorphase des Projekts einen Datenschutzbeauftragten einschalten. Eine gesetzliche Pflicht zur Einschaltung eines Datenschutzbeauftragten zu einem späteren Zeitpunkt ist unter Umständen ohnehin die Folge einer bestimmten Beschäftigtenzahl des Unternehmens. Die Einschaltung des Betriebsrates in der Planungsphase des Projektes ergibt sich auf Grund gesetzlicher Anforderungen aus dem Betriebsverfassungsgesetz.

3.1.2.1 Aufgabenbereiche des Datenschutzbeauftragten

Bei der Person des Beauftragten kann es sich sowohl um einen Beschäftigten des Unternehmens (interner DSB) als auch um eine Person außerhalb der verantwortlichen Stelle (externer DSB) handeln (§ 4f Abs.2 S.2 BDSG). Wichtig ist, dass der Beauftragte über die erforderliche Fachkunde und Zuverlässigkeit verfügt. Die Fachkunde bezieht sich dabei auf betriebsspezifische, datenschutzrechtliche und betriebswirtschaftliche Grundkenntnisse sowie auf Kenntnisse über Verfahren und Techniken der

---

[43] Kloppenburg, in: Düwell, Betriebsverfassungsgesetz, § 11 Rn.39; Koch, Der betriebliche Datenschutzbeauftragte, S.30.
[44] Kloppenburg, in: Düwell, Betriebsverfassungsgesetz, § 11 Rn.38.
[45] Gola/Wronka, Handbuch zum Arbeitnehmerdatenschutz, Rn.788.
[46] Gola/Wronka, Handbuch zum Arbeitnehmerdatenschutz, Rn. 788.

automatisierten Datenverarbeitung[47]. Nach § 4f Abs.2 S.1 BDSG bestimmt sich das Maß der erforderlichen Fachkunde nach dem Umfang der Datenverarbeitung der verantwortlichen Stelle und dem Schutzbedarf der personenbezogenen Daten, die die verantwortliche Stelle erhebt oder verwendet.

Der Datenschutzbeauftragte ist der Leitung der verantwortlichen Stelle unmittelbar unterstellt (§ 4f Abs.3 S.1 BDSG), weisungsfrei (§ 4f Abs.3 S.2 BDSG) und zur Verschwiegenheit verpflichtet (§ 4f Abs. 4 BDSG). Der Arbeitgeber ist weiterhin verpflichtet, den Datenschutzbeauftragten in personeller, sachlicher und finanzieller[48] Hinsicht zu unterstützen (§ 4f Abs. 5 BDSG).

Die Aufgabenfelder des Datenschutzbeauftragten beziehen sich insbesondere auf nachfolgend aufgeführte Überwachungs- und Unterstützungsfunktionen.

Vorschrift	Aufgabenbereich
§ 4g Abs.1 S.1 BDSG	Aufsicht über die Einhaltung datenschutzrechtlicher Bestimmungen (Generalklausel).
§ 4g Abs.2 S.1 BDSG	Aufsicht über das Verfahrensverzeichnis.
§ 4g Abs.1 S.1 BDSG	Überwachung der ordnungsgemäßen Anwendung von Programmen.
§ 4g Abs.1 Nr.2 BDSG	Schulung der Mitarbeiter.
abgeleitet aus der Generalklausel nach § 4g Abs.1 S.1 BDSG	Verpflichtung auf das Datengeheimnis.
abgeleitet aus der Generalklausel nach § 4g Abs.1 S.1 BDSG	Gewährleistung der Datensicherheit.
abgeleitet aus der Generalklausel nach § 4g Abs.1 S.1 BDSG	Gewährleistung der Betroffenenrechte.

Tabelle 3: Die wichtigsten Aufgabenfelder des Datenschutzbeauftragten.

Der Grundgedanke jeglichen Handelns des Datenschutzbeauftragten wird in der Generalklausel § 4g Abs.1 S.1 BDSG definiert. Danach soll der Datenschutzbeauftragte auf die Einhaltung der datenschutzrechtlichen Regelungen hinwirken, indem er seine Aufsicht im Unternehmen ausübt. Da der Datenschutzbeauftragte einzelne Datenschutzmaßnahmen nicht gegen den Willen der Unternehmensleitung einführen kann und als Teil

---

[47] Kühling, Datenschutzrecht, S.226.
[48] Gola/Wronka, Handbuch zum Arbeitnehmerdatenschutz, Rn.855.

der verantwortlichen Stelle – so zumindest bei dem internen Datenschutzbeauftragten - auch deren Ziele berücksichtigen will, wird sich seine Tätigkeit in den meisten Fällen in einer Beratung und Unterstützung im Rahmen einer vertrauensvollen und konstruktiven Zusammenarbeit niederschlagen[49].

Primäre Voraussetzung zur Erfüllung seiner Aufgaben ist die Durchschaubarkeit der Datenverarbeitung im Unternehmen. Vorderstes Ziel ist es daher, die Unternehmensleitung zur Schaffung von Transparenz anzuhalten[50]. Aus diesem Grund muss der Arbeitgeber nach § 4g Abs.2 BDSG ein Verfahrensverzeichnis führen, aus dem hervorgeht, welche Verfahren zur automatisierten Verarbeitung im Einsatz sind. Dieses Verzeichnis muss die in § 4e BDSG genannten Angaben sowie Informationen über die zugriffsberechtigten Personen enthalten. Im Zentrum der im Rahmen des Verfahrensverzeichnisses offen zu legenden Angaben stehen die Art der personenbezogenen Daten, die Zweckbestimmung der Erhebung, die Verarbeitung, die Nutzung und die weitere wesentliche Verwendung der Daten[51]. Aufgrund des Transparenzgebots ist die verantwortliche Stelle dazu verpflichtet, dem Beauftragten für den Datenschutz dieses Verzeichnis gemäß § 4g Abs.2 S.1 BDSG zur Verfügung zu stellen.

Gemäß § 4g Abs.1 S.1 BDSG obliegt dem Datenschutzbeauftragten weiter die Aufgabe, Datenverarbeitungsprogramme, die personenbezogene Daten verarbeiten, bei deren ordnungsgemäßer Anwendung zu überwachen. Damit von Anfang an eine gesetzesmäßige Verarbeitung personenbezogener Daten gewährleistet ist, soll der Datenschutzbeauftragte schon bei der Erstellung dieser Programme eingeschaltet werden[52].

Zu den weiteren zentralen Aufgaben des Datenschutzbeauftragten gehört die Schulung der Mitarbeiter (§ 4g Abs.1 Nr.2 BDSG). Er soll den Beschäftigten durch geeignete Maßnahmen die Ziele und Inhalte des Datenschutzes nahe bringen[53] und insbesondere das Bewusstsein für die Bedeutung und Notwendigkeit des Datenschutzes schärfen[54].

---

[49] Kühling, Datenschutzrecht, S.225.
[50] Koch, Der betriebliche Datenschutzbeauftragte, S.49.
[51] Gola/Wronka, Handbuch zum Arbeitnehmerdatenschutz, Rn.881.
[52] Gola/Wronka, Handbuch zum Arbeitnehmerdatenschutz, Rn.878.
[53] Kühling, Datenschutzrecht, S.226.
[54] Gola/Wronka, Handbuch zum Arbeitnehmerdatenschutz, Rn.880.

Aus der Generalklausel des 4g Abs.1 S.1 BDSG (siehe oben) leiten sich noch weitere Aufgaben des Datenschutzbeauftragten ab. Nach § 5 BDSG muss der Datenschutzbeauftragte die bei der Datenverarbeitung beschäftigten Personen auf das Datengeheimnis verpflichten[55]. Weiter hat der Datenschutzbeauftragte darauf hinzuwirken, dass nur solche Datenverarbeitungssysteme eingesetzt werden, die den Schutz der Daten und die Datensicherheit gewährleisten[56]. Hierbei sollte der Datenschutzbeauftragte schon im Rahmen eines Risikomanagements das Unternehmen zweckmäßig beraten. Zuletzt muss der Datenschutzbeauftragte auch darauf achten, dass die Rechte der Betroffenen (wie zum Beispiel die Benachrichtigung und Auskunft des Betroffenen oder aber seine Ansprüche auf Berichtigung, Löschung und Sperrung) gewahrt bleiben.

3.1.2.2 Beteiligungsrechte des Betriebsrats

Gemäß § 75 Abs.2 S.1. BetrVG besteht für den Betriebsrat – und den Arbeitgeber – der gesetzliche Auftrag, das Persönlichkeitsrecht (mithin auch das informationelle Selbstbestimmungsrecht) der Beschäftigten bei den durch die automatisierte Datenverarbeitung eröffneten Möglichkeiten zu wahren[57]. Dieser allgemeine Schutzauftrag wird im Betriebsverfassungsgesetz durch Einzelvorschriften konkretisiert und unterliegt abgestuften Beteiligungsrechten des Betriebsrates.

Bei den Beteiligungsrechten sind zum einen
Mitwirkungsrechte und Mitbestimmungsrechte des Betriebsrats zu unterscheiden. Bei den Mitwirkungsrechten bleibt die Entscheidungsbefugnis des Arbeitgebers eine Maßnahme durchzuführen letztendlich unberührt. Es handelt sich hierbei insbesondere um Informations- und Beratungsrechte. Bei den Mitbestimmungsrechten hingegen darf eine Maßnahme nicht ohne Beteiligung des Betriebsrates durchgeführt werden. Dem Betriebsrat steht hier entweder ein Vetorecht (Zustimmungsvorbehalt) oder sogar das Recht, eine gleichberechtigte Mitbestimmung im Wege des Einigungsverfahrens zu erzwingen, zu. Wird eine Maßnahme dennoch ohne Berücksichtigung etwaiger Mitbestimmungsrechte des Betriebsrates im Unternehmen durchgeführt, so ist die Maßnahme rechtswidrig und die aus ihr hervorgehenden Daten sind nicht verwertbar[58].

---

[55] Koch, Der betriebliche Datenschutzbeauftragte, S.30.
[56] Koch, Der betriebliche Datenschutzbeauftragte, S.97.
[57] Taday, Informationelle Selbstbestimmung in IuK-Systemen, S.176.
[58] Roßnagel, Handbuch Datenschutzrecht, S.197.

Die für den Datenschutz der Beschäftigten beim EDV-Einsatz relevanten und von der Rechtsprechung insoweit herangezogenen Beteiligungsrechte im Betriebsverfassungsgesetz sind insbesondere:

Vorschrift	Beteiligungsrecht
§ 87 Abs.1 Nr.6	Erzwingbares Mitbestimmungsrecht hinsichtlich der Einführung und Anwendung von Personalinformationssystemen, die dazu bestimmt sind, das Verhalten oder die Leistung der Arbeitnehmer zu überwachen.
§ 94 Abs.1 S.1 und § 94 Abs.2, 1.HS	Zustimmungsvorbehalt bei der Erstellung von Personalfragebögen und persönlichen Angaben in Formulararbeitsverträgen für Arbeitnehmer und Bewerber.
§ 95 Abs.2	Zustimmungsvorbehalt bei der Festlegung von Auswahlkriterien für die Einstellung, Versetzung, Umgruppierung oder Kündigung eines Arbeitnehmers und deren spätere Gewichtung im Rahmen eines Scoring-Verfahrens.
§ 80 Abs.1 Nr.1	Überwachungsrecht bei der Einhaltung von Vorschriften zum Arbeitnehmerdatenschutz.
§ 80 Abs.2	Anspruch auf rechtzeitige Unterrichtung und Beratung über die Einführung und Änderung von EDV-Systemen im Unternehmen.
§ 92 Abs. 1	Anspruch auf umfassende Unterrichtung und Beratung über die sich aus den Ergebnissen der Personalplanungsauswertung ergebenden Planungsüberlegungen.

Tabelle 4: Die wichtigsten Beteiligungsrechte des Betriebsrates zum Arbeitnehmerdatenschutz.

3.1.2.2.1 Mitbestimmungsrechte des Betriebsrates

Will der Arbeitgeber im Unternehmen ein EDV-System einführen, so muss er zunächst das **erzwingbare Mitbestimmungsrecht** des Betriebsrates nach § 87 Abs.1 Nr.6 BetrVG[59] beachten. Dieses besteht, wenn der Arbeitgeber eine technische Einrichtung einführen will, die objektiv dazu geeignet ist[60], das Verhalten oder die Leistung der Arbeitnehmer zu überwachen. Eine solche technische Überwachungseinrichtung besteht zunächst bei den Programmen, die Verhaltens- und Leistungsdaten von Arbeitnehmern sammeln. Dazu gehören Personalinformationssysteme, die bei der Zugangs-, Benutzer-, Zugriffs- oder Eingabekontrolle Angaben über das Verhalten oder die Leistung der Arbeitnehmer protokollieren wie zum Beispiel das Pausenverhalten des Arbeitnehmers bei Zeiterfassungssystemen. Eine technische Einrichtung, die zur Überwachung geeignet ist, liegt aber auch dann vor, wenn anderweitig gewonnene Personaldaten im

---

[59] Ein Mitbestimmungsrecht des Betriebsrates besteht bei der „Einführung und Anwendung von technischen Einrichtungen, die dazu bestimmt sind, das Verhalten oder die Leistung der Arbeitnehmer zu überwachen".

[60] Gola/Wronka, Handbuch zum Arbeitnehmerdatenschutz, Rn.1072.

System gespeichert und schließlich herangezogen werden, um sie für Aussagen über das Verhalten oder die Leistung des Arbeitnehmers auszuwerten[61]. Ausreichend ist danach, dass die technische Überwachungseinrichtung entweder Informationen sammelt oder aber auswertet[62]. Die Überwachung muss sich weiterhin auf das Verhalten oder die Leistung der Arbeitnehmer beziehen. Maßgebend für die Bewertung von Einzelangaben als Leistungs- und Verhaltensdaten ist nicht der Aussagewert des einzelnen Datums, sondern der Aussagewert, den die Einzelangaben aufgrund des Zusammenhangs mit anderen Daten erhalten. Ein Mitbestimmungsrecht des Betriebsrates nach § 87 Abs.1 Nr.6 BetrVG entfällt schließlich nur dann, wenn die eine bestimmte Sicherheitsmaßnahme anordnende gesetzliche Norm dem Arbeitgeber keinerlei Entscheidungsspielraum bei deren konkreter Ausgestaltung und Umsetzung lässt[63].

Dem Betriebsrat steht weiterhin ein **Zustimmungsvorbehalt** bei der Einführung und Änderung von Personalfragebögen in Formulararbeitsverträgen (§ 94 Abs.1 S.1 BetrVG) sowie bei persönlichen Angaben in schriftlichen Arbeitsverträgen und bei der Aufstellung allgemeiner Beurteilungsgrundsätze (§ 94 Abs.2 1.HS BetrVG) zu. Das Mitbestimmungsrecht bezieht sich auf die standardisierte Erhebung von Arbeitnehmerdaten (durch Personalfragebögen oder Tests), die Erstellung von Beurteilungsgrundsätzen über die fachliche oder persönliche Eignung von Bewerbern oder die Festlegung von Verfahren zur Beurteilung von Verhalten und Leistung mit Personalinformationssystemen und schließt auch die Entscheidung über die konkrete Verwendung der gewonnen Informationen mit ein[64].

Auch bei der Festlegung von Auswahlkriterien für die Einstellung, Versetzung, Umgruppierung oder Kündigung eines Arbeitnehmers und deren spätere Gewichtung im Rahmen eines Scoring-Verfahrens steht dem Betriebsrat ein **Vetorecht** zu[65], § 95 Abs.1 BetrVG.

3.1.2.2.2 Mitwirkungsrechte des Betriebsrates

§ 80 Abs.1 Nr.1 BetrVG überträgt dem Betriebsrat die Pflicht, die Durchführung und Beachtung der Vorschriften, die zu Gunsten des Arbeitnehmers wirken, zu überwachen (**Überwachungsrecht**). Zu den arbeitneh-

---

[61] Kothe, in: Düwell, Betriebsverfassungsgesetz, § 87 Rn.58.
[62] Kothe, in: Düwell, Betriebsverfassungsgesetz, § 87 Rn.58.
[63] Gola/Wronka, Handbuch zum Arbeitnehmerdatenschutz, Rn.945.
[64] Kreuder, in: Düwell, Betriebsverfassungsgesetz, § 94 Rn.6.
[65] Roßnagel, Handbuch Datenschutzrecht, S.201.

merschützenden Vorschriften gehört auch das Bundesdatenschutzgesetz[66]. Soll ein Mitarbeiter des Unternehmens zum Datenschutzbeauftragten bestellt werden, so hat der Betriebsrat zunächst darüber zu wachen, dass ein Datenschutzbeauftragter, der den Ansprüchen des § 4f Abs.2 BDSG entspricht, bestellt wird, soweit mit der Bestellung eine Einstellung oder Versetzung verbunden ist[67]. Das Mitbestimmungsrecht entfällt, wenn es sich bei diesem Arbeitnehmer um einen leitenden Angestellten handelt, da auf diese Mitarbeitergruppe das Betriebsverfassungsgesetz grundsätzlich keine Anwendung findet, § 5 Abs.3 BetrVG. Soll ein externer Datenschutzbeauftragter bestellt werden, besteht nur dann ein Mitbestimmungsrecht, wenn dieser in die betriebliche Organisation eingebunden wird[68]. Sind dem Datenschutzbeauftragten Mängel vorzuwerfen, die einen Widerruf seiner Bestellung gemäß § 4f Abs.3 S.4 BDSG rechtfertigen würden, hat die Mitarbeitervertretung das Recht und die Pflicht, vom Arbeitgeber dessen Abberufung zu verlangen.

Nach § 80 Abs. 2 BetrVG ist der Betriebsrat rechtzeitig und umfassend über die Entwicklung und Einführung von Personalinformationssystemen im Unternehmen zu informieren (**Anspruch auf rechtzeitige Unterrichtung und Information**), damit er seine Überwachungsfunktionen effektiv wahrnehmen und Rechtsverstößen und Unbilligkeiten bereits im Vorfeld entgegenwirken kann[69].

Werden gespeicherte Daten zum Zwecke der Personalplanung ausgewertet, ist der Arbeitgeber gemäß § 92 Abs.1 BetrVG verpflichtet, den Betriebsrat umfassend über die sich aus den Ergebnissen der Auswertung ergebenden Planungsüberlegungen zu unterrichten und mit ihm darüber zu beraten (**Anspruch auf umfassende Unterrichtung und Beratung**).

3.1.2.2.3 Mitbestimmung durch Betriebsvereinbarung

Eine Erhebung, Verarbeitung oder Nutzung personenbezogener Daten durch ein Personalinformationssystem kann auch im Rahmen einer Betriebsvereinbarung geregelt werden. Auch wenn das Betriebsverfassungsgesetz ausdrücklich keinen Abschluss durch Betriebsvereinbarung vorsieht, können Arbeitgeber und Betriebsrat einvernehmlich eine solche Vereinbarung treffen (in diesem Fall handelt es sich um eine freiwillige

---

[66] Gola/Wronka, Handbuch zum Arbeitnehmerdatenschutz, Rn.926; Kothe, in: Düwell, Betriebsverfassungsgesetz, § 80 Rn.13.
[67] Koch, Der betriebliche Datenschutzbeauftragte, S.39.
[68] Koch, Der betriebliche Datenschutzbeauftragte, S.39.
[69] Gola/Wronka, Handbuch zum Arbeitnehmerdatenschutz, Rn.960.

Betriebsvereinbarung nach § 88 BetrVG). Dabei ist eine Verschlechterung des Arbeitnehmerdatenschutzes gegenüber den gesetzlichen Bestimmungen nicht zulässig, das Bundesdatenschutzgesetz gilt insoweit als vorrangige Mindestschutznorm[70]. Die zwischen den Parteien schriftlich getroffenen Vereinbarungen haben normativen Charakter und gelten auch im Rahmen von § 4 Abs.1 BDSG als gegenüber den allgemeinen Bestimmungen des Bundesdatenschutzgesetzes vorrangige Rechtsnormen (siehe oben). Wesentliche Regelungsinhalte in einer Betriebsvereinbarung über die Erhebung, Verarbeitung oder Nutzung personenbezogener Daten durch ein Personalinformationssystem sind dabei typischerweise:

- Ziele und Geltungsbereich der Betriebsvereinbarung
- Die Anwendung selbst und der Datenbestand
- Zulässigkeitsregeln für die Datenverarbeitung- und -nutzung
- Leistungs- und Verhaltenskontrollen
- Rechte der betroffenen Beschäftigten
- Aufgaben des Datenschutzbeauftragten
- Datensicherung (insbesondere Zutritts-, Zugangs- oder Zugriffsberechtigungen) sowie
- Verfahren bei Streitigkeiten[71]

3.2 Analyse

In der Analysephase subsumiert der Arbeitgeber den technischen Sachverhalt unter die einschlägigen Datenschutzbestimmungen. Dabei erfolgt die rechtlich-technische Analyse in zwei Prüfungsschritten. Zunächst wird geprüft, welche personenbezogenen Daten in diesem Personalinformationssystem anfallen und ob die Arbeitnehmer durch den Umgang des Systems mit diesen Daten in ihrem Recht auf informationelle Selbstbestimmung betroffen sind (Vorliegen eines Eingriffs). In einem weiteren Schritt werden dann die wesentlichen Anforderungen aufgezeigt, die beachtet werden müssen, um den Eingriff in das informationelle Selbstbestimmungsrecht der Beschäftigten rechtmäßig zu gestalten (Eingriffsrechtfertigung).

---

[70] Gola/Wronka, Handbuch zum Arbeitnehmerdatenschutz, Rn.1111.
[71] Gola/Wronka, Handbuch zum Arbeitnehmerdatenschutz, Rn.1149.

3.2.1 Vorliegen eines Eingriffs

Das Grundrecht auf informationelle Selbstbestimmung ist betroffen, wenn eine Maßnahme in dessen Schutzbereich eingreift. Voraussetzung ist demnach, dass zunächst der Schutzbereich des informationellen Selbstbestimmungsrechts eröffnet ist und dass weiterhin ein Eingriff in dessen Schutzbereich vorliegt.

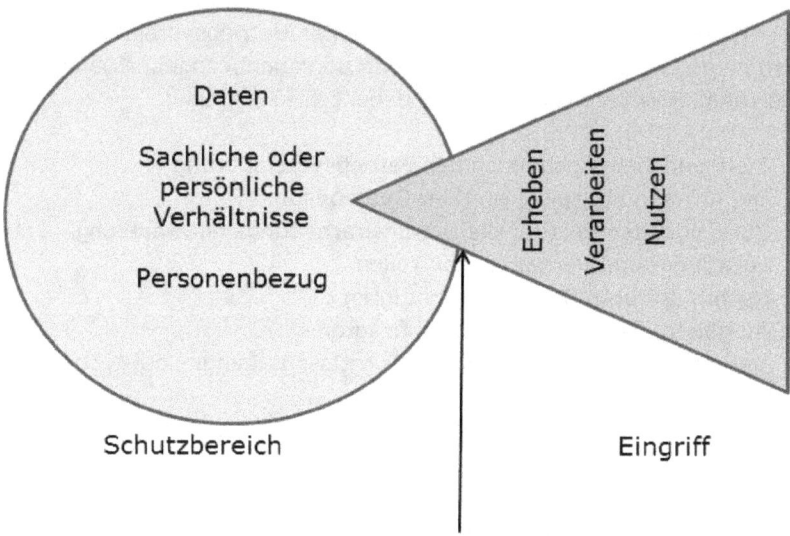

Daten

Sachliche oder persönliche Verhältnisse

Personenbezug

Erheben Verarbeiten Nutzen

Schutzbereich   Eingriff

Das Grundrecht auf informationelle Selbstbestimmung ist betroffen

Abb. 2: Betroffenheit des Grundrechts auf informationelle Selbstbestimmung.

Ob der Eingriff selbst gerechtfertigt ist, ist eine Frage der Eingriffsrechtfertigung und nicht der Betroffenheit.

Anhand von zwölf typischen Personalinformationssystemen wird anschließend beispielhaft aufgezeigt, wie das Unternehmen einen datenschutzrelevanten Eingriff des Systems in den Schutzbereich des informationellen Selbstbestimmungsrechts der Beschäftigten praktisch erkennen kann.

3.2.1.1 Schutzbereich eröffnet – personenbezogene Daten

Der Schutzbereich des informationellen Selbstbestimmungsrechts ist eröffnet, wenn durch den Einsatz des Personalinformationssystems personenbezogene Daten einer lebenden natürlichen Person betroffen sind. Dabei ist der Begriff der personenbezogenen Daten angesichts der Feststellung des Bundesverfassungsgerichts, dass es bei der automatisierten Datenverarbeitung kein belangloses Datum mehr gebe, sehr weit auszulegen[72]. Gemäß § 3 Abs.1 BDSG sind personenbezogene Daten

> *Einzelangaben über persönliche oder sachliche Verhältnisse einer bestimmten oder bestimmbaren natürlichen Person (Betroffener).*

3.2.1.1.1 Begriff der Daten im datenschutzrechtlichen Sinne

Im informationstechnischen Sinne werden Daten üblicherweise als kontextfreie Angaben, die aus interpretierten Zeichen oder Signalen bestehen, definiert[73]. Wenn diese Daten einen Kontext- oder Zweckbezug erhalten, werden sie zu Informationen[74]. Im Datenschutz versteht man Daten hingegen als Einzelangaben oder Einzelinformationen[75], also Angaben, die schon einen bestimmten inhaltlichen Bezug aufweisen. Man könnte mithin eher von einem „Informationsschutz" denn von einem Datenschutz sprechen.

3.2.1.1.2 Persönliche oder sachliche Verhältnisse

Als Daten über persönliche Verhältnisse sind zum Beispiel Identifikationsdaten (Name, Ausweisnummer, Personalnummer), Gesundheitsdaten (biometrische Daten oder Krankheitsdaten), Sozialdaten (Familienstand, Beruf oder Vorstrafen) und Zeiterfassungsdaten anzusehen[76]. Unter Daten über sachliche Verhältnisse versteht man hingegen Daten über Einkommens- und Vermögensverhältnisse oder zum Beispiel Versicherungsdaten.

---

[72] BVerfGE 65, 1 (45).
[73] Witt, Datenschutz kompakt, S.4.
[74] Böhm/Fuchs, System-Entwicklung in der Wirtschaftsinformatik, S.44.
[75] Wikipedia, Personenbezogene Daten.
[76] Gola/Schomerus/Klug, BDSG, § 3 Rn.6.

3.2.1.1.3 Personenbezug

Die Daten müssen zuletzt auch einen Personenbezug aufweisen. Das bedeutet, dass sie entweder einer bestimmten (unmittelbarer Personenbezug) oder bestimmbaren Person (mittelbarer Personenbezug) zuordenbar sind[77]. Ein unmittelbarer Personenbezug liegt vor, wenn sich aus der Information selbst oder ihrem Kontext die eindeutige Identität der Person ergibt. Ein mittelbarer Personenbezug liegt hingegen bei personenbeziehbaren Daten vor. Personenbeziehbare Daten sind Informationen, die nur durch die Verknüpfung mit weiteren Informationen den Personenbezug herstellen[78]. Dabei ist die Bestimmbarkeit einer Person auf Grund von Zusatzinformationen relativ zu sehen[79]. Entscheidend ist, ob im konkreten Einzelfall die Zuhilfenahme von der verantwortlichen Stelle zur Verfügung stehenden informationstechnischen oder mathematischen Analyseprogrammen oder die Berücksichtigung ihres Zusatzwissens zur Identifikation des Betroffenen führen kann[80].

Fraglich erscheint der Personenbezug bei anonymisierten oder pseudonymisierten Daten. Liegt eine Anonymisierung vor, besteht kein Personenbezug und das Bundesdatenschutzgesetz ist nicht anwendbar. Unter Anonymisierung definiert § 3 Abs.6 BDSG das Verändern personenbezogener Daten, sodass Einzelangaben über persönliche oder sachliche Verhältnisse nicht mehr (Variante 1) oder nur mit einem unverhältnismäßig großen Aufwand an Zeit, Kosten und Arbeitskraft (Variante 2) einer bestimmten oder bestimmbaren natürlichen Person zugeordnet werden können. Variante 1 betrifft dabei den Fall der absoluten oder unumkehrbaren Anonymisierung[81], was bedeutet, dass die Identifikationsmerkmale zu den dazugehörigen Daten unwiederbringlich gelöscht sind. Die zweite Variante beschreibt den Fall der faktischen Anonymisierung, bei der eine Wiederherstellung des Personenbezuges nicht ausgeschlossen ist, aber einen so großen Aufwand verursachen würde, dass selbst eine erneute Datenerhebung günstiger wäre[82]. Unter Pseudonymisierung versteht das Gesetz das Ersetzen des Namens und anderer Identifikationsmerkmale durch ein Kennzeichen zu dem Zweck, die Bestimmung des Betroffenen auszuschließen oder wesentlich zu erschweren (§ 3 Abs.6a BDSG). Bei der Pseudonymisierung muss zwischen zwei Möglichkeiten unterschieden

---

[77] Gola/Schomerus/Klug, BDSG, § 3 Rn.10.
[78] Kühling, Datenschutzrecht, S.102.
[79] Gola/Schomerus/Klug, BDSG, § 3 Rn.44.
[80] Kühling, Datenschutzrecht, S.104.
[81] Kühling, Datenschutzrecht, S.104.
[82] Kühling, Datenschutzrecht, S.105.

werden. Kennt die verantwortliche Stelle die Zuordnungsregel, mit der sie die unter einem Pseudonym erfassten Daten den Identifikationsmerkmalen einer Person zuordnen kann, dann handelt es sich um personenbezogene Daten[83]. Kennt sie den Zuordnungsschlüssel hingegen nicht, dann handelt es sich ihr gegenüber nicht um personenbezogene Daten.

3.2.1.1.4 Besondere Arten personenbezogener Daten

Weiterhin gibt es in § 3 Abs.9 BDSG eine abschließende Aufzählung besonders sensibler Daten, die gerade auch im Zusammenhang mit Beschäftigungsverhältnissen eine besondere Aufmerksamkeit verlangen. Diese Daten werden durch die Bestimmungen des Bundesdatenschutzgesetzes besonders geschützt, wenn sie es mittelbar oder unmittelbar ermöglichen, Rückschlüsse und Informationen zu den in § 3 Abs.9 BDSG aufgeführten Datenkategorien (zum Beispiel die Gewerkschaftszugehörigkeit oder Daten und Angaben über die Gesundheit) zu ziehen[84].

3.2.1.2 Eingriff in den Schutzbereich

§ 1 Abs.1 BDSG stellt klar, dass der Zweck des Bundesdatenschutzgesetzes darin besteht, den Einzelnen davor zu schützen, dass er durch den Umgang mit seinen personenbezogenen Daten in seinem Persönlichkeitsrecht beeinträchtigt wird. Erst in dem Moment, in dem mit den schutzwürdigen Daten „umgegangen" wird, liegt ein Eingriff vor. Nach § 1 Abs.2 BDSG gibt es drei Formen des Umgangs mit personenbezogenen Daten: Die Daten können

- erhoben,
- verarbeitet oder
- genutzt werden.

3.2.1.2.1 Erheben von personenbezogenen Daten

Im Volkszählungsurteil des Bundesverfassungsgerichts wird festgestellt, dass auch die Vorphase der Datenverarbeitung gesetzlich zu regeln sei[85]. In Folge dessen wurde die Phase der Datenerhebung als erste datenschutzrechtlich relevante Form des Umgangs mit personenbezogenen Daten geregelt. § 3 Abs.3 BDSG definiert das Erheben als das (zielgerichtete beziehungsweise aktive[86]) Beschaffen von (personenbezogenen)

---

[83] Kühling, Datenschutzrecht, S.106.
[84] Gola/Wronka, Handbuch zum Arbeitnehmerdatenschutz, S.95.
[85] BVerfGE 65,1 (45ff); Witt, Datenschutz kompakt, S.47.
[86] Gola/Schomerus/Klug, BDSG, § 3 Rn27.

Daten über den Betroffenen. Gemäß § 4 Abs.2 S.1 BDSG gilt der Grundsatz der Direkterhebung. Die Erhebung der personenbezogenen Daten soll
danach grundsätzlich direkt gegenüber dem Betroffenen erfolgen. Sie löst
weiterhin Informations- und Unterrichtungspflichten über die Identität der
verantwortlichen Stelle und die Zweckbestimmung aus (§ 4 Abs.3 BDSG).
Ein Verstoß hiergegen führt zu der Verpflichtung, die Daten unverzüglich
zu löschen, es sei denn der Betroffene stimmt der Erhebung nachträglich
und informiert zu[87]. Vom Grundsatz der Direkterhebung darf nur abgewi-
chen werden, wenn eine Rechtsvorschrift dies vorsieht, der Geschäfts-
zweck dies erfordert oder die Direkterhebung nur mit unverhältnismäßi-
gem Aufwand möglich wäre (§ 4 Abs.2 S.2 BDSG).

3.2.1.2.2 Verarbeiten von personenbezogenen Daten

Unter Verarbeiten ist gemäß § 3 Abs.2 BDSG das

- Speichern,
- Verändern,
- Übermitteln,
- Sperren oder
- Löschen

personenbezogener Daten zu verstehen. Der Begriff des Speicherns
beinhaltet alle Vorgänge, die das Erfassen, Aufnehmen oder Aufbewahren
der Daten auf einem Datenträger zum Zweck ihrer weiteren Verarbeitung
oder Nutzung zum Gegenstand haben (§ 3 Abs.4 S.2 Nr.1 BDSG), es sei
denn die Daten werden nur für kürzeste Momente zwischengespeichert.[88]
Den Begriff des Veränderns definiert das Bundesdatenschutzgesetz in § 3
Abs.4 S.2 Nr.2 BDSG als das inhaltliche Umgestalten von Daten. Die
Umgestaltung kann sowohl in einer tatsächlichen Änderung der Daten
bestehen (zum Beispiel Änderung des Namens der Arbeitnehmerin Hoff-
man in Schulze nach Eheschließung) als auch darin, dass die Daten in
einen anderen Kontext gestellt werden (Herr Maier wird zunächst als
Bewerber geführt, nach erfolgter Einstellung werden seine Daten jedoch in
die Stammdatenverwaltung für die Angestellten übernommen).[89] Der
Begriff des Übermittelns wird gesetzlich in § 3 Abs.4 S.2 Nr.3 BDSG als
das Bekantgeben gespeicherter oder durch Datenverarbeitung gewonne-
ner personenbezogener Daten an einen Dritten beschrieben. Dritter ist

---

[87] Kühling, Datenschutzrecht, S.111.
[88] Gola/Schomerus/Klug, BDSG, § 3 Rn.28.
[89] Gola/Schomerus/Klug, BDSG, § 3 Rn.30.

dabei jeder, der nicht verantwortliche Stelle, Betroffener oder Auftragsdatenverarbeitender ist; eine Datenweitergabe innerhalb der verantwortlichen Stelle gilt daher nicht als Übermittlung personenbezogener Daten[90]. Weiterhin ist auch das Sperren eine weitere Form der Verarbeitung personenbezogener Daten. Dabei umfasst der Begriff des Sperrens den Zweck und das Ziel die Nutzung dieser Daten einzuschränken[91]. Das heißt, dass zum Beispiel auch Daten, die aufgrund gesetzlicher Aufbewahrungsfristen vorerst nicht gelöscht werden können, als gesperrt gelten, § 35 Abs.3 Nr.1 BDSG (so zum Beispiel, wenn das Unternehmen Bewerbungsunterlagen für einen Zeitraum von sechs Monaten nach Ablehnung des Bewerbers aufbewahrt, um sich im Klagefall gegen einen Diskriminierungsvorwurf verteidigen zu können). Zuletzt definiert § 3 Abs.4 S.2 Nr.5 das Löschen personenbezogener Daten als deren Unkenntlichmachung.

3.2.1.2.3 Nutzen von personenbezogenen Daten

Die Nutzung[92] personenbezogener Daten ist als Auffangtatbestand für alle Verwendungsformen konzipiert[93], die nicht unter den Begriff der Verarbeitung oder des Erhebens fallen, wie zum Beispiel die Weitergabe von Daten innerhalb der verantwortlichen Stelle (siehe oben).

3.2.1.3 Beispielhafte Eingriffsprüfung

In diesem Abschnitt werden beispielhaft einige Personalinformationssysteme und deren idealtypische Funktionsweise vorgestellt. Es wird geprüft, ob und insbesondere durch welche Funktionalität die jeweiligen Teilsysteme in das informationelle Selbstbestimmungsrecht der Beschäftigten eingreifen. Die in dieser Studie dargestellten Teilsysteme sind nur ein Teil der auf dem Markt befindlichen Personalmanagementsysteme (zum Beispiel könnte man sich weiterhin auch Systeme aus den Bereichen Organisationsmanagement, Archivierung, Seminarplanung sowie Reisekostenabrechnung vorstellen[94]).

Die in den Kapiteln ab 3.2.1.3.3 dargestellten Teilsysteme sind Systeme der Anwendungsschicht (siehe oben). Es geht bei diesen Systemen um die Bereitstellung der für eine spezielle Anwendung erforderlichen Funktionali-

---

[90] Gola/Schomerus/Klug, BDSG, § 3 Rn.34.
[91] Sperren ist das Kennzeichen gespeicherter personenbezogener Daten, um ihre
      weitere Verarbeitung oder Nutzung einzuschränken, § 3 Abs.4 S.2 Nr.4 BDSG.
[92] Nutzen ist jede Verwendung personenbezogener Daten, soweit es sich nicht um
      Verarbeitung handelt, § 3 Abs.5 BDSG.
[93] Gola/Schomerus/Klug, BDSG, § 3 Rn.42.
[94] Friedel, Das Personalmanagement im Unternehmen, S.11 und S.154.

täten. Für das Funktionieren dieser Teilsysteme sind aber auch die Datenerhaltungs- und Präsentationsschichten erforderlich, sodass zunächst kurz auf diese eingegangen wird.

3.2.1.3.1 Datenbank

Bei einem normalen Personalinformationssystem greifen alle Teilsysteme auf Daten in einem Datenbanksystem zurück. Das Datenbanksystem besteht aus einer Datenbank, in der alle Daten gespeichert, verwaltet und bereitgestellt werden und einem Datenbankverwaltungssystem, mit dem auf die Daten in der Datenbank zugegriffen werden kann. Dabei erfolgt die Organisation der Daten häufig in Form eines relationalen Datenbankmodells. Eine relationale Datenbank ist eine Sammlung von Tabellen (den Relationen), in welchen Datensätze abgespeichert sind. Die Datensätze fassen verschiedene Attribute eines Objekts (Spalten der Tabelle) zu einer Einheit (Zeile der Tabelle) zusammen. Jeder Datensatz wird durch einen Primärschlüssel eindeutig identifiziert. Mit den Fremdschlüsseln wird auf Datensätze anderer Tabellen referenziert[95].

In einer Unternehmensdatenbank werden alle Mitarbeiterdaten gespeichert. Dazu zählen zunächst alle Angaben, die im Rahmen einer digitalen Personalakte geführt werden[96]. Zu diesen gehören insbesondere die wesentlichen Vertragsbedingungen nach § 2 Abs.1 NachwG (zum Beispiel: Kontaktdaten, Beginn und Dauer des Arbeitsverhältnisses, Angaben zum Arbeitsentgelt, Urlaub und der Arbeitszeit). Schriftliche Unterlagen wie Bescheinigungen über Personalien, Beurteilungen, Verträge und Bezüge[97] können in der Personalakte über ein angebundenes Dokumentenmanagementsystem abgelegt werden. Weiterhin werden in der Datenbank auch aktuelle Urlaubs-, Abwesenheits- und Krankheitstage gespeichert sowie Angaben zu Qualifikationen, Abneigungen, Interessen, Qualifikationsprofilen und zur Bildungshistorie. Eine weitere wichtige Kategorie von Mitarbeiterdaten sind die abrechnungsrelevanten Angaben wie zum Beispiel steuerrechtliche, sozialversicherungsrechtliche sowie betriebsnotwendige (tarifliche oder übertarifliche Eingruppierung des Mitarbeiters) Daten. Zudem werden häufig auch besonders sensible Daten (Gesundheitsdaten, Gewerkschaftszugehörigkeit) oder Daten, für die arbeitsrechtliche Diskriminierungsverbote bestehen (zum Beispiel Angaben über mögliche Behin-

---

[95] Strohmeier, Informationssysteme im Personalmanagement, S.58.
[96] Friedel, Das Personalmanagement im Unternehmen, S.44.
[97] Friedel, Das Personalmanagement im Unternehmen, S.45.

derungen des Arbeitnehmers), in die Datenbank aufgenommen. Hier ist eine Datenspeicherung nur unter erschwerten Voraussetzungen möglich.

Bei den eben aufgeführten Mitarbeiterdaten handelt es sich um personenbezogene Daten. Nach § 3 Abs.1 BDSG sind personenbezogenen Daten Einzelangaben über persönliche oder sachliche Verhältnisse einer bestimmten oder bestimmbaren natürlichen Person (siehe oben). Zum einen liegen Einzelangaben über sachliche oder persönliche Verhältnisse vor, zum anderen sind diese Einzelangaben (Daten) auch personenbezogen, da sie über die Primär- und Fremdschlüssel der Datenbank auch jeweils einem bestimmten Arbeitnehmer zuordenbar sind. Diese personenbezogenen Daten werden in der Datenbank gespeichert, sodass ein Eingriff in das informationelle Selbstbestimmungsrecht der Beschäftigten vorliegt.

3.2.1.3.2 Benutzeroberfläche

Weiterhin benötigen die nachfolgend beschriebenen Teilsysteme des Personalmanagements jeweils eine Schnittstelle zum Anwender (Präsentationsschicht). Über diese Benutzeroberfläche kann der Sachbearbeiter konkrete Eingaben vornehmen. So erfolgt zum Beispiel die Erhebung der Mitarbeiterdaten in der Personalakte oder in den sonstigen Tabellen der Datenbank über diese Benutzerschnittstelle. Durch die Verwendung einer Benutzeroberfläche werden personenbezogene Daten mithin erhoben, verarbeitet und genutzt.

3.2.1.3.3 Systeme aus dem Aufgabenbereich der Personalplanung

Die Personalplanung beschäftigt sich mit der gedanklichen Vorwegnahme des Personalgeschehens. Zu dem Bereich der Personalplanung gehören unter anderem die Aufgaben der Personalbedarfsplanung, der Personaleinsatzplanung, der Personalentwicklungsplanung sowie die Personalkostenplanung[98].

3.2.1.3.3.1 Personalbedarfsplanungssysteme

Personalbedarfsplanungssysteme sind Anwendungen, mit denen zukünftige Personalbedarfe in qualitativer, quantitativer, zeitlicher und örtlicher Hinsicht geplant werden können[99]. Die Daten, die in diesem System ausgewertet werden, betreffen Ereignisse, die im Unternehmen einen

---

[98] Olfert, Personalwirtschaft, S.69.
[99] Strohmeier, Informationssysteme im Personalmanagement, S.95.

bestimmten Personalbedarf generieren. Diese Daten werden mithilfe einer systemeigenen Planungskomponente zur Aufstellung von Bedarfsplänen verarbeitet. In diesem Teilsystem werden keine personenbezogenen Daten erhoben, verarbeitet oder genutzt.

3.2.1.3.3.2 Personaleinsatzplanungssysteme

Personaleinsatzplanungssysteme dienen dem kurz- bis mittelfristigen Abgleich des quantitativen und qualitativen Personalbedarfs mit dem Personalbestand[100]. Daten aus der Bedarfsplanung werden ausgewertet und der Schichtenplanung übergeben, die wiederum die Anzahl, Dauer und Lage derjenigen Schichten bestimmt, die den bestehenden Bedarf decken. In der Schichtfolgeplanung werden die einzelnen Schichten dann zu sinnvollen Schichtfolgen zusammengeführt und in der Mitarbeiterzuordnung dann schließlich anhand der Mitarbeiterdaten konkreten Mitarbeitern zugeteilt. Das Ergebnis sind Einsatzpläne, die für eine weitere Bekanntgabe, Veränderung oder Analyse ebenfalls in der Datenbank abgelegt werden. Für die Mitarbeiterzuordnung sind daher Mitarbeiterdaten, die dessen Verfügbarkeit (Urlaube, Krankheiten, sonstige Fehlzeiten), dessen Eignung (Qualifikationen, Tätigkeitsgruppen) sowie unter Umständen dessen Präferenzen betreffen, einzuspeisen. Im Rahmen der Mitarbeiterzuordnung und in der späteren Analyse der Einsatzpläne werden mithin personenbezogene Daten (siehe oben) genutzt.

3.2.1.3.3.3 Personalentwicklungsplanungssysteme

Personalentwicklungsplanungssysteme unterstützen die Entwicklung von Mitarbeitern entsprechend ihrer Qualifikation und den Bedürfnissen im Unternehmen[101]. In einer Qualifikationsdatei werden zunächst unabhängig von konkreten Mitarbeitern und Stellen die im Unternehmen vorhandenen Qualifikationen abgelegt. Diese Daten werden dann mit den Mitarbeiterdaten (Stammdaten zur Person, Qualifikationen, Leistungen, Potenziale sowie Interessen und Abneigungen des Mitarbeiters) und Stellendaten (Aufgaben und Anforderungen der Stelle) abgeglichen und zur Bildung von Qualifikations- und Anforderungsprofilen verwendet. Beide Profile werden anschließend mithilfe der Planungskomponente gematched und die Ergebnisse in Karriereplan- und Nachfolgeplandateien überführt, die wiederum in der Datenbank abgelegt werden. Durch das Matching von Mitarbeiterdaten (Qualifikationsprofil) mit Stellendaten werden personenbezogene Daten (siehe oben) genutzt. Unter Umständen liegt auch eine Verände-

---

[100] Strohmeier, Informationssysteme im Personalmanagement, S.107.
[101] Strohmeier, Informationssysteme im Personalmanagement, S.121.

rung der Daten vor. Wurden nämlich die für das Matching mit Stellendaten erforderlichen Mitarbeiterdaten aus den Testergebnissen von angebundenen E-Learning-Systemen bezogen, werden die Daten jetzt bei ihrer Verwendung zur Erstellung von Karriere- und Nachfolgeplänen in einen neuen Kontext gestellt.

3.2.1.3.3.4 Personalkostenplanungssysteme

Personalkostenplanungssysteme dienen der Prognose und Analyse von Personalkosten durch das Personalmanagement[102]. Mithilfe der Eingangsdaten (Mitarbeiter- und Stellendaten, Daten zur Organisationsstruktur sowie zu den relevanten Kostenarten) werden Kostenpläne mit Prognosedaten erstellt, die sukzessive mit Ablauf des Planungszeitraums mit den Ist-Daten aus der Personalabrechnung abgeglichen werden. Das Erstellen von Kostenplänen auf der Grundlage von personenbezogenen Mitarbeiterdaten stellt eine Nutzung dieser Daten dar.

3.2.1.3.4 Systeme im Aufgabenbereich der Personalentlohnung

Die Personalentlohnung umfasst alle Maßnahmen, die mit der Bereitstellung der finanziellen Gegenleistung durch das Unternehmen für die erbrachte Arbeitsleistung seiner Arbeitnehmer zusammenhängen[103]. Im Bereich der Personalentlohnung liegt der Schwerpunkt der Personalmanagementsysteme[104]. Zu dem Bereich der Personalentlohnung gehören unter anderem Personalabrechnungssysteme und Vergütungsmanagementsysteme.

3.2.1.3.4.1 Personalabrechnungssysteme

Personalabrechnungssysteme rechnen die Löhne, Gehälter sowie weitere auszahlungsrelevante Positionen personen- und sachbezogen ab[105]. Die Bruttolohnkomponente des Systems ermittelt auf Grund der Mitarbeiterstammdaten (persönliche Daten, steuerrechtliche, sozialversicherungsrechtliche sowie betriebsnotwendige Daten wie zum Beispiel die tarifliche oder übertarifliche Eingruppierung des Mitarbeiters) und der Bewegungsdaten (Zeit- und Leistungsdaten) das Bruttoentgelt des Arbeitnehmers. Basierend auf diesen Entgelten errechnet die Nettolohnkomponente die tatsächlich auszuzahlenden Bezüge und überführt die Ergebnisse anschließend in die Abrechnungsdatei, in der die Positionen zum Zwecke der Auswertung (zum Beispiel Ermittlung der gesetzlichen Abzüge), Dokumen-

---

[102] Strohmeier, Informationssysteme im Personalmanagement, S.133.
[103] Olfert, Personalwirtschaft, S.299.
[104] Friedel, Das Personalmanagement im Unternehmen, S.47.
[105] Strohmeier, Informationssysteme im Personalmanagement, S.167.

tation (zum Beispiel Ausdruck der Verdienstbescheinigungen) und Übermittlung (zum Beispiel Meldungen an den Sozialversicherungsträger, die
Krankenkassen oder die Hausbank)[106] bereitgehalten werden. Im Rahmen
von Personalabrechnungssystemen werden personenbezogene Daten
(siehe oben) genutzt. Durch die Weitergabe der Daten an Dritte (die
Sozialversicherungsträger, die Krankenkassen oder an die Hausbank)
werden die Daten auch übermittelt.

3.2.1.3.4.2 Vergütungsmanagementsysteme

Vergütungsmanagementsysteme dienen der Erstellung und Umsetzung
von einheitlichen Entgeltkonzeptionen im Unternehmen[107]. Aus Personal-
(Personalstammdaten sowie spezielle vergütungsrelevante Daten wie
Firmenzugehörigkeit, Einstufungen sowie aktuelle und historische Daten
zur Vergütung des Mitarbeiters) und optional Stellen-, Budget- und Markt-
daten wird durch die Vergütungsplanungskomponente festgelegt, welche
Vergütungsempfänger innerhalb welchen Vergütungszeitraums welche
Vergütungsarten in welchem Vergütungsumfang erhalten. Die personenbezogenen Daten werden hier zur Erstellung von Vergütungsplänen genutzt.

3.2.1.3.5 Systeme im Aufgabenbereich des Personaleinsatzes – Arbeitszeitmanagementsystem/ Zutrittsmanagementsystem

Personaleinsatz bedeutet die Zuordnung der Mitarbeiter zu den verfügba-
ren Stellen und Arbeitsplätzen[108]. Klassisches Aufgabenfeld für Informationssysteme ist hier die Verwaltung der Arbeitszeit in einem Arbeitszeitmanagementsystem. Ein Arbeitszeitmanagementsystem dient der
Erfassung, Bewertung, Planung und Kontrolle von An- und Abwesenheiten
der Mitarbeiter[109]. Personalstammdaten und Daten über die jeweils zuge-
hörigen Arbeitszeitmodelle (Soll-Vorgaben für die Anwesenheit der Beschäftigten wie zum Beispiel „Voll- oder Teilzeit") dienen hierbei als
Grundlage für die Analyse der auf der aktuellen Zeiterfassung erhobenen
Zeitkonten für Zwecke der Lohn- und Gehaltsabrechnung sowie dem
Abgleich von Soll- und Ist-Arbeitszeiten. Die für die aktuelle Zeiterfassung
erforderliche Authentifizierung erfolgt entweder über Datenträger, biometrische Merkmale oder aber Passwörter. Flankiert wird ein solches Arbeitszeitmanagementsystem häufig durch Zutrittsmanagementsysteme, die

---

[106] Friedel, Das Personalmanagement im Unternehmen, S.50.
[107] Strohmeier, Informationssysteme im Personalmanagement, S.275.
[108] Olfert, Personalwirtschaft, S.174.
[109] Strohmeier, Informationssysteme im Personalmanagement, S.179.

den Zutritt von Mitarbeitern zu den einzelnen Unternehmensbereichen steuern[110]. Arbeitszeit- und Zutrittsmanagementsysteme erheben zunächst Daten (Zutritts- und Zeiterfassungsdaten). Diese Daten sind personenbezogen, da sie dazu geeignet sind, einen bestimmten Beschäftigten zu identifizieren, beziehungsweise weil sie einem bestimmten Arbeitnehmer zugeordnet werden. Im Rahmen der Analyse werden die Mitarbeiter- und Zeitkontendaten dann für individuelle Auswertungen über einzelne Beschäftigte oder für die weitere Verwendung in Personalbedarfs- und Personaleinsatzplanungssystemen genutzt.

3.2.1.3.6 Systeme im Aufgabenbereich der Personalbeschaffung

Die Personalbeschaffung umfasst die Bereitstellung von Arbeitskräften in zeitlicher, örtlicher, qualitativer und quantitativer Hinsicht[111]. Zu dem Bereich der Personalbeschaffung gehören unter anderem die Aufgaben der eigentlichen Beschaffung im Rahmen von Beschaffungsmanagementsystemen sowie die Auswahl der Bewerber durch geeignete Test- und Szenariosysteme.

3.2.1.3.6.1 Beschaffungsmanagementsysteme

Beschaffungsmanagementsysteme unterstützen die Personalbeschaffung[112]. Daten zu Vakanzen, entsprechenden Ausschreibungen und Bewerbern (Kontaktdaten und Angaben zur Qualifikation) werden im Rahmen von Bewerber-, Prozess- und Medienanalyse ausgewertet und abgeglichen. Über eine Kommunikationskomponente kann automatisch Kontakt zum Bewerber aufgenommen werden. Aus Gründen der Gleichbehandlung dürfen personenbezogene Daten wie zum Beispiel Angaben zur Gesundheit, zur Behinderung oder zur Religion im Rahmen von Bewerbungsverfahren nicht erhoben werden. Sollte es zu einer Einstellung des Bewerbers kommen, dürfen diese Daten nur unter gewissen Umständen in der Datenbank gespeichert werden. Aber auch die Kontaktdaten und die Angaben zur Qualifikation stellen personenbezogene Daten dar; durch ihre Verwendung im Rahmen von Analysen beziehungsweise zum Zwecke der Kontaktaufnahme werden diese auch genutzt. Kommt es zu einer Übernahme des Bewerbers in ein Arbeitsverhältnis, werden seine Daten aus dem Datenbestand für Bewerber gelöscht und in den Tabellen für die Mitarbeiterstammdaten gespeichert. Dadurch erfahren diese Daten einen neuen Kontextbezug und werden mithin verändert (siehe oben).

---

[110] Strohmeier, Informationssysteme im Personalmanagement, S.191.
[111] Olfert, Personalwirtschaft, S.101.
[112] Strohmeier, Informationssysteme im Personalmanagement, S.201.

3.2.1.3.6.2 Test- und Szenariosysteme

Test- und Szenariosysteme untersuchen die Eignung von Probanden im Rahmen der Personalauswahl beziehungsweise von Verfahren zur Lösung von komplexen Problemen durch einen Probanden[113]. Bei Testsystemen werden Daten aus der allgemeinen Testdatei und der Anforderungsdatei anhand der erzielten Testergebnisse abgeglichen und zusammen mit den persönlichen Daten des Probanden (wie zum Beispiel Name, Alter, Geschlecht) in einer Probandendatei gespeichert und zur weiteren Auswertung und Analyse bereitgestellt. Bei den Szenariosystemen werden die Daten zum Probanden und zur Durchführung des Szenarios getrennt gespeichert und durch eine Diagnosekomponente ausgewertet. Die Mitarbeiterdaten werden hier zur Erstellung von Probandendateien genutzt.

3.2.1.3.7 Systeme im Aufgabenbereich der Personalentwicklung

Die Personalentwicklung beschäftigt sich mit der Erhaltung und Verbesserung der Qualifikationen der Mitarbeiter[114]. Personalinformationssysteme, die in diesem Bereich eingesetzt werden können, sind beispielsweise Computer Based Training-Systeme, Learning Management-Systeme sowie Performance Management-Systeme.

Computer Based Training-Systeme und Learning Management-Systeme sind beides Formen des E-Learnings, das heißt der Vermittlung von Wissen über elektronische oder digitale Medien. Bei Learning Management-Systemen steht die Kommunikation zwischen Lernendem und Lehrendem im Vordergrund, während sich Computer Based Training-Systeme auf ein Selbststudium des Anwenders begründen. In beiden Systemen werden die Wissensdaten bereitgehalten, beim Learning Management-Systemen daneben noch Daten zu den teilnehmenden Personen - Dozenten und Lernenden – (so zum Beispiel Kontaktdaten, Finanzdaten, fachliche Einsatzbereiche der Dozenten, pädagogische Fähigkeiten, Abrechnungsdaten, Zugriffsrechte, Anwenderrollen, Dozentenbewertungen). Im Rahmen von Learning Management-Systemen werden daher personenbezogene Mitarbeiter- und Dozenten-Daten genutzt. Die erzielten Lernfortschritte werden in der Datenbank gespeichert. Sollten die Ergebnisse für weitere Teilsysteme verwandt werden (so zum Beispiel für Personalentwicklungsplanungssysteme), liegt eine Veränderung der Daten vor (siehe oben).

---

[113] Strohmeier, Informationssysteme im Personalmanagement, S.215 und 225.
[114] Olfert, Personalwirtschaft, S.375.

Performance Management-Systeme steuern die individuelle Arbeitsleistung von Mitarbeitern[115]. Aus der Personendatei werden Stammdaten der zu beurteilenden Person herangezogen. In den Gesprächs-, Zielvereinbarungs- und Beurteilungsdateien werden dann die Ergebnisse des Mitarbeitergesprächs, die vereinbarten Ziele sowie die abschließende Beurteilung über die Zielerreichung abgespeichert. Eine Workflowkomponente steuert den sich zyklisch wiederholenden Prozess. Die Verwendung der Mitarbeiterdaten zur Erstellung von Beurteilungen, Mitarbeitergesprächen und Zielvereinbarungen stellt eine Nutzung personenbezogener Daten dar. Das Führen und Abspeichern von Mitarbeitergesprächen ist ein Erheben und Speichern von personenbezogenen Daten.

3.2.1.4 Zwischenergebnis

In der nachfolgenden Tabelle sind zusammenfassend alle zuvor vorgestellten Teilsysteme, die bei ihrer Anwendung anfallenden personenbezogenen Daten sowie die beim Umgang mit diesen Daten in Betracht kommenden Eingriffe aufgeführt. Ergänzend beinhaltet die Tabelle Hinweise auf den Verbreitungsgrad der einzelnen Teilsysteme in deutschen Unternehmen[116], auf Mitbestimmungsrechte des Betriebsrates sowie eine Prüfung, ob eine Vorabkontrolle durch den Datenschutzbeauftragten durchzuführen ist.

Personalbedarfsplanungssysteme	
Kurzbeschreibung	Anwendungen mit denen zukünftige Personalbedarfe in qualitativer, quantitativer, zeitlicher und örtlicher Hinsicht geplant werden können.
Personenbezogene Daten	Keine personenbezogenen Daten.
Eingriff	Kein Eingriff in das informationelle Selbstbestimmungsrecht.
Verbreitungsgrad	Keine empirischen Studien zum Verbreitungsgrad bekannt.
Mitbestimmung	Anspruch auf rechtzeitige Unterrichtung und Beratung nach § 80 Abs. 2 BetrVG (zwar besteht mangels Eingriff in Schutzgüter der Beschäftigten darüber hinaus kein Beteiligungsrecht, der Auskunftsanspruch soll den Betriebsrat aber in die Lage versetzen, dies selbständig zu prüfen. Nur wenn Beteiligungsrechte offensichtlich nicht in Betracht kommen, besteht auch kein Informationsanspruch[117]).
Vorabkontrolle	Keine zwingende Vorabkontrolle des Bundesdatenschutzbeauftragten.

---

[115] Strohmeier, Informationssysteme im Personalmanagement, S.263.
[116] Die Hinweise auf den Verbreitungsgrad des jeweiligen Teilsystems entstammen: Strohmeier, Informationssysteme im Personalmanagement.
[117] Kothe, in: Düwell, Betriebsverfassungsgesetz, § 80 Rn.46.

Personaleinsatzplanungssysteme	
Kurzbeschreibung	Anwendungen, die dem kurz- bis mittelfristigen Abgleich des quantitativen und qualitativen Personalbedarfs mit dem Personalbestand dienen.
Personenbezogene Daten	Verfügbarkeit (Urlaube, Krankheiten, sonstige Fehlzeiten), Eignung (Qualifikationen, Tätigkeitsgruppen) sowie unter Umständen Präferenzen des Arbeitnehmers.
Eingriff	Nutzung
Verbreitungsgrad	Verbreitungsgrad von 24% unter den deutschen Unternehmen.
Mitbestimmung	Anspruch auf umfassende Unterrichtung und Beratung nach § 92 Abs.1 BetrVG über die sich aus den Ergebnissen der Auswertung ergebenden Planungsüberlegungen.
Vorabkontrolle	Keine zwingende Vorabkontrolle durch den Bundesdatenschutzbeauftragten erforderlich.
Personalentwicklungsplanungssysteme	
Kurzbeschreibung	Anwendungen, die die Entwicklung von Mitarbeitern entsprechend ihrer Qualifikation und den Bedürfnissen im Unternehmen unterstützen.
Personenbezogene Daten	Stammdaten zur Person, Qualifikationen, Leistungen, Potenziale sowie Interessen und Abneigungen des Mitarbeiters.
Eingriff	Nutzung und Veränderung
Verbreitungsgrad	Verbreitungsgrad von etwa 30% unter den deutschen Unternehmen.
Mitbestimmung	• Anspruch auf umfassende Unterrichtung und Beratung nach § 92 Abs.1 BetrVG über die sich aus den Ergebnissen der Auswertung ergebenden Planungsüberlegungen. • Erzwingbares Mitbestimmungsrecht nach § 87 Abs.1 Nr.6 BetrVG, da Qualifikationen, Leistungen, Potenziale sowie Interessen und Abneigungen des Mitarbeiters für dessen Beurteilung im Rahmen von Karriereplänen ausgewertet werden sollen.
Vorabkontrolle	Zwingende Vorabkontrolle erforderlich, da die Verarbeitung personenbezogener Daten dazu bestimmt ist, die Persönlichkeit des Betroffenen einschließlich seiner Fähigkeiten, seiner Leistung oder seines Verhaltens zu bewerten ohne für die Durchführung des Arbeitsverhältnisses erforderlich zu sein.
Personalkostenplanungssysteme	
Kurzbeschreibung	Anwendungen, die der Prognose und Analyse von Personalkosten durch das Personalmanagement dienen.
Personenbezogene Daten	Mitarbeiterstammdaten
Eingriff	Nutzung
Verbreitungsgrad	Keine empirischen Studien zum Verbreitungsgrad bekannt.

Mitbestimmung	• Anspruch auf rechtzeitige Unterrichtung und Beratung nach § 80 Abs. 2 BetrVG.
	• Unter Umständen erzwingbares Mitbestimmungsrecht nach § 87 Abs.1 Nr.6 BetrVG soweit die einzelnen Personalkosten einem Mitarbeiter zuordenbar sind (dies hängt von der Größe der Kostenstelle ab) und für eine weitere Beurteilung seiner Person herangezogen werden sollen.
Vorabkontrolle	Keine zwingende Vorabkontrolle durch den Bundesdatenschutzbeauftragten erforderlich. Die Verarbeitung personenbezogener Daten ist allenfalls dazu geeignet (und nicht bestimmt), die Fähigkeiten und Leistungen einer Person auf Grund der angefallenen Personalkosten zu bewerten.

Personalabrechnungssysteme

Kurzbeschreibung	Anwendungen, die Löhne, Gehälter sowie weitere auszahlungsrelevante Positionen personen- und sachbezogen abrechnen.
Personenbezogene Daten	persönliche, steuerrechtliche, sozialversicherungsrechtliche Daten sowie betriebsnotwendige Daten wie zum Beispiel die tarifliche oder übertarifliche Eingruppierung des Mitarbeiters.
Eingriff	Nutzung und Übermittlung
Verbreitungsgrad	Verbreitungsgrad von knapp 90% unter den deutschen Unternehmen.
Mitbestimmung	Anspruch auf rechtzeitige Unterrichtung und Beratung nach § 80 Abs. 2 BetrVG.
Vorabkontrolle	Zwingende Vorabkontrolle durch den Bundesdatenschutzbeauftragten nur dann erforderlich, wenn besondere Arten personenbezogener Daten gespeichert werden, die ausnahmsweise nicht für die Durchführung des Arbeitsverhältnisses erforderlich sind.

Vergütungsmanagementsysteme

Kurzbeschreibung	Anwendungen, die der Erstellung und Umsetzung von ganzheitlichen Entgeltkonzeptionen im Unternehmen dienen.
Personenbezogene Daten	Personalstammdaten sowie spezielle vergütungsrelevante Daten wie Firmenzugehörigkeit, Einstufungen sowie aktuelle und historische Daten zur Vergütung des Mitarbeiters.
Eingriff	Nutzung
Verbreitungsgrad	Keine empirischen Studien zum Verbreitungsgrad bekannt.
Mitbestimmung	Anspruch auf rechtzeitige Unterrichtung und Beratung nach § 80 Abs. 2 BetrVG (kein erzwingbares Mitbestimmungsrecht nach § 87 Abs.1 Nr.6 BetrVG, da es hier nicht primär um die Beurteilung des Arbeitnehmers geht, sondern um seine Einstufung in eine Vergütungsklasse).
Vorabkontrolle	Keine zwingende Vorabkontrolle durch den Bundesdatenschutzbeauftragten erforderlich.

Arbeitszeitmanagementsystem/Zutrittsmanagementsystem	
Kurzbeschreibung	Anwendungen, die der Erfassung, Bewertung, Planung und Kontrolle von An- und Abwesenheiten der Mitarbeiter dienen.
Personenbezogene Daten	Personalstammdaten, zugeordnetes Arbeitszeitmodell sowie gegebenenfalls identifizierende Mitarbeitermerkmale zur Authentifizierung (Fingerabdrücke, Netzhautstrukturen) sowie tatsächliche Arbeitszeiten.
Eingriff	Nutzung und Erhebung
Verbreitungsgrad	Verbreitungsgrad von ungefähr 85% unter den deutschen Unternehmen.
Mitbestimmung	• Anspruch auf rechtzeitige Unterrichtung und Beratung nach § 80 Abs. 2 BetrVG. • Erzwingbares Mitbestimmungsrecht nach § 87 Abs.1 Nr.6 BetrVG, da eine Überwachung durch technische Einrichtungen durch das Sammeln von Informationen (Zutrittsmanagementsystem) und das Auswerten dieser Informationen zur Beurteilung des Arbeitnehmers stattfindet.
Vorabkontrolle	Zwingende Vorabkontrolle nicht erforderlich. Zwar ist die Verarbeitung personenbezogener Daten dazu bestimmt, die Leistung des Betroffenen zu bewerten; die Bewertung ist aber für die Durchführung des Arbeitsverhältnisses zwingend erforderlich, da die geleistete Arbeitszeit der ordnungsgemäßen Abrechnung und Vergütung des Mitarbeiters dient.
Beschaffungsmanagementsysteme	
Kurzbeschreibung	Anwendungen, die die Personalbeschaffung umfassend unterstützen.
Personenbezogene Daten	Kontaktdaten und Angaben zur Qualifikation.
Eingriff	Nutzung und Veränderung
Verbreitungsgrad	Unterschiedliche Studien: Verbreitungsgrad zwischen 35% und nahezu flächendeckender Verbreitung.
Mitbestimmung	• Anspruch auf rechtzeitige Unterrichtung und Beratung nach § 80 Abs. 2 BetrVG. • Zustimmungsvorbehalt bei der Erstellung von Personalfragebögen nach § 94 Abs.1 S.1 BetrVG. • Unter Umständen zwingendes Mitbestimmungsrecht nach § 87 Abs.1 Nr.6 BetrVG, wenn Bewerbungen mit Hilfe von zum Beispiel Webformularen aufgenommen und ausgewertet werden sollen.
Vorabkontrolle	Zwingende Vorabkontrolle erforderlich, soweit die Verarbeitung personenbezogener Daten dazu bestimmt ist, die Persönlichkeit des Betroffenen einschließlich seiner Fähigkeiten, seiner Leistung oder seines Verhaltens zu bewerten und nicht für die Anbahnung des Arbeitsverhältnisses erforderlich ist (zum Beispiel durch die Verwendung von speziellen Webformularen und Bewerberplattformen).

Test- und Szenariosysteme	
Kurzbeschreibung	Anwendungen, die die Eignung von Probanden im Rahmen der Personalauswahl beziehungsweise von Verfahren zur Lösung von komplexen Problemen durch einen Probanden testen.
Personenbezogene Daten	Mitarbeiterstammdaten
Eingriff	Nutzung
Verbreitungsgrad	Keine empirischen Studien zum Verbreitungsgrad bekannt.
Mitbestimmung	• Anspruch auf rechtzeitige Unterrichtung und Beratung nach § 80 Abs. 2 BetrVG. • Zustimmungsvorbehalt bei der Festlegung von Auswahlkriterien nach § 95 Abs.2 BetrVG. • Zwingendes Mitbestimmungsrecht nach § 87 Abs.1 Nr.6 BetrVG, wenn das Testverfahren dazu dienen soll, den Arbeitnehmer zu beurteilen.
Vorabkontrolle	Zwingende Vorabkontrolle erforderlich, da die Verarbeitung personenbezogener Daten dazu bestimmt ist, die Persönlichkeit des Betroffenen einschließlich seiner Fähigkeiten, seiner Leistung oder seines Verhaltens zu bewerten und nicht für die Anbahnung des Arbeitsverhältnisses erforderlich ist.

Computer Based Training-Systeme, Learning Management-Systeme	
Kurzbeschreibung	Anwendungen, die der Vermittlung von Wissen über elektronische oder digitale Medien dienen.
Personenbezogene Daten	Beim Learning Management-System: Daten zu den teilnehmenden Personen - Dozenten und Lernende: zum Beispiel Kontaktdaten, Finanzdaten, fachliche Einsatzbereiche der Dozenten, pädagogische Fähigkeiten, Abrechnungsdaten, Zugriffsrechte, Anwenderrollen, Dozentenbewertungen.
Eingriff	Nutzung
Verbreitungsgrad	Verbreitungsgrad von 26% unter den deutschen Unternehmen.
Mitbestimmung	Anspruch auf rechtzeitige Unterrichtung und Beratung nach § 80 Abs. 2 BetrVG.
Vorabkontrolle	Keine zwingende Vorabkontrolle durch den Bundesdatenschutzbeauftragten erforderlich.

Performance Management-Systeme	
Kurzbeschreibung	Anwendungen, die die individuelle Arbeitsleistung von Mitarbeitern steuern.
Personenbezogene Daten	Stammdaten der beurteilenden und zu beurteilenden Person, Gesprächshistorie sowie Beurteilungen.
Eingriff	Erhebung und Nutzung
Verbreitungsgrad	Verbreitungsgrad von 30% unter den deutschen Unternehmen.
Mitbestimmung	• Anspruch auf rechtzeitige Unterrichtung und Beratung nach § 80 Abs. 2 BetrVG.

	• Zwingendes Mitbestimmungsrecht nach § 87 Abs.1 Nr.6 BetrVG, da die erzielten Ergebnisse im Rahmen des Performance Management Systems dazu genutzt werden, die Leistungsfähigkeit des Mitarbeiters zu beurteilen.
Vorabkontrolle	Zwingende Vorabkontrolle erforderlich, da die Verarbeitung personenbezogener Daten dazu bestimmt ist, die Persönlichkeit des Betroffenen einschließlich seiner Fähigkeiten, seiner Leistung oder seines Verhaltens zu bewerten und nicht für die Durchführung des Arbeitsverhältnisses erforderlich ist.

Tabelle 5: Anwendungssysteme in der Personalwirtschaft.

3.2.2 Eingriffsrechtfertigung

Steht fest, dass ein Eingriff in den Schutzbereich des informationellen Selbstbestimmungsrechts durch den Einsatz des Personalinformationssystems vorliegt ist in einem zweiten Schritt zu prüfen, welche Anforderungen (Grundsätze und Prinzipien) das Bundesdatenschutzgesetz aufstellt, um den jeweiligen Eingriff zu rechtfertigen.

Im Datenschutzrecht gibt es eine Reihe von Regelungsgrundsätzen, die für die Beurteilung der Rechtmäßigkeit von Eingriffen bei der Entwicklung und Einführung von Personalinformationssystemen anzuwenden sind. Zunächst gibt es folgende Datenschutzgrundsätze:

- das Verbot mit Erlaubnisvorbehalt
- der Zweckbindungs- und Erforderlichkeitsgrundsatz
- der Grundsatz der Transparenz
- der Grundsatz der Datenvermeidung und Datensparsamkeit
- sowie die Gewährleistung der Betroffenenrechte

Weiterhin gibt es den Grundsatz der Datensicherheit. Dieser Grundsatz wird, obwohl er inhaltlich die Datensicherheit und nicht den Datenschutz betrifft (dazu siehe unten), im Rahmen dieser Untersuchungen ebenso zu den Prinzipien des Datenschutzrechts gezählt wie die originären Datenschutzgrundsätze.

3.2.2.1 Das Verbot mit Erlaubnisvorbehalt

Die zentrale Regel des deutschen Datenschutzrechtes, das Verbot mit Erlaubnisvorbehalt, ist in § 4 Abs.1 BDSG formuliert.

3.2.2.1.1 Erlaubniskonzept nach dem Bundesdatenschutzgesetz

Nach § 4 Abs.1 BDSG ist die Erhebung, Verarbeitung oder Nutzung von personenbezogenen Daten grundsätzlich verboten, es sei denn, eine Rechtsvorschrift erlaubt den Umgang, die Daten sind allgemein zugänglich oder der Betroffene hat dem Umgang zugestimmt. Dabei muss genau geprüft werden, ob eine bestimmte Erlaubnisnorm tatsächlich alle in Frage kommenden Umgangsformen (Erheben, Verarbeiten, Nutzen) deckt.

In Betracht kommen zunächst Vorschriften aus Spezialgesetzen (siehe oben) wie zum Beispiel der DEÜV oder den Büchern zum Sozialgesetz. Weiterhin kommen auch kollektivrechtliche Regelungen (Betriebsvereinbarungen oder Tarifverträge) als vorrangig in Betracht, zumindest soweit sie den Umgang mit Personaldaten abweichend vom Bundesdatenschutzgesetz zum Vorteil des Arbeitnehmers regeln (siehe oben). Sind weder spezialgesetzliche Vorschriften noch kollektivrechtliche Regelungen im konkreten Einzelfall einschlägig, greifen die Auffangtatbestände des Bundesdatenschutzgesetzes ein. Für die Entwicklung und Einführung von Personalinformationssystemen ist § 32 BDSG als spezielle Anspruchsgrundlage einschlägig[118]. § 32 BDSG wurde im Frühjahr 2009 in das Bundesdatenschutzgesetz aufgenommen und regelt explizit die Datenerhebung-, -verarbeitung und –nutzung für Zwecke des Beschäftigungsverhältnisses. Soweit § 32 BDSG einen Sachverhalt nicht abschließend regelt, greift § 28 BDSG als allgemeine Ermächtigungsgrundlage ein.

Sind die Daten allgemein zugänglich oder durfte die verantwortliche Stelle die Daten veröffentlichen, so gestattet § 28 Abs.1 Nr.3 BDSG den Umgang mit den personenbezogenen Daten. Liegen besondere Arten personenbezogener Daten vor, ist von einer Veröffentlichung der Daten jedoch nur dann auszugehen, wenn der Betroffene sie offenkundig selbst vorgenommen hat[119].

---

[118] Polenz, DuD 2009, 561 (561).
[119] Witt, Datenschutz kompakt, S.72.

Die Einverständniserklärung ist erforderlich, wenn sich der Datenumgang nicht mit einer bereichsspezifischen Vorschrift oder aber mit § 32 BDSG rechtfertigen lässt. Sie greift daher nur im „Notfall" und sollte auch nur in diesem Fall eingeholt werden, weil sonst der Betroffene den Eindruck erhält, er könne dem Datenumgang widersprechen[120]. Regelt eine Betriebsvereinbarung die Erhebung, Verarbeitung oder Nutzung der Daten abschließend, geht diese kollektivrechtliche Regelung ebenfalls der individualrechtlichen Einwilligung vor[121]. § 4a BDSG normiert die Voraussetzungen an eine wirksame Einwilligung. Danach muss die Einwilligung zunächst freiwillig, also ohne jeden Zwang erfolgen. Gerade dies erscheint im Rahmen von Arbeitsverhältnissen fraglich, da hier die Entscheidungsfreiheit des Beschäftigten wegen der für ihn existenziellen Bedeutung des Arbeitsverhältnisses faktisch eingeschränkt ist. Eine weitere Voraussetzung für eine rechtswirksame Einwilligung ist, dass der Betroffene vorab umfangreich informiert wurde und somit die Tragweite seiner Entscheidung überblicken kann[122]. Zuletzt muss die Einwilligung auch schriftlich erfolgen.

3.2.2.2 Der Zweckbindungs- und Erforderlichkeitsgrundsatz

Sowohl der Zweckbindungsgrundsatz als auch das Erforderlichkeitsgebot sind nicht eigenständig im Bundesdatenschutzgesetz kodiert. Beide erscheinen aber als Leitprinzipien in einer Reihe von Vorschriften innerhalb und außerhalb des Bundesdatenschutzgesetzes[123]. Der Zweckbindungsgrundsatz besagt, dass personenbezogene Daten nur zu einem bestimmten Zweck erhoben werden dürfen und dieser Zweck noch vor Erhebung der Daten festgelegt werden muss[124]. Der weitere Umgang mit den Daten muss im Rahmen des zuvor festgelegten Zwecks erfolgen. Eine Zweckänderung kann nur unter den Voraussetzungen der §§ 28 Abs.2 und Abs.3 BDSG erfolgen. Das Erforderlichkeitsgebot beschränkt den Zweckbindungsgrundsatz insofern, dass in Rechte des Betroffenen nur eingegriffen werden darf, wie dies für die Zweckerfüllung unerlässlich ist.

---

[120] Gola/Wronka, Handbuch zum Arbeitnehmerdatenschutz, Rn.142; Kühling, Datenschutzrecht, S.132.
[121] Gola/Wronka, Handbuch zum Arbeitnehmerdatenschutz, Rn.144.
[122] Wächter, Datenschutz im Unternehmen, Rn.185.
[123] Kühling, Datenschutzrecht, S.135.
[124] Kühling, Datenschutzrecht, S.135.

§ 32 BDSG gibt den Zweck, zu dem die Erhebung, Verarbeitung und Nutzung der Daten bei der Einführung des Personalinformationssystems erfolgen müssen, vor. Der Zweck des Datenumgangs liegt in der Begründung, Durchführung oder Beendigung des Arbeitsverhältnisses.

3.2.2.3 Der Grundsatz der Transparenz

Das Transparenzgebot verlangt, dass der Betroffene weiß, welche personenbezogenen Daten zu welchem Zeitpunkt und zu welchem Zweck erhoben wurden. Eine wichtige Ausformung des Transparenzgebotes findet sich daher in dem Grundsatz der Direkterhebung wieder (siehe oben), der dem Betroffenen die Möglichkeit gibt, schon zum Zeitpunkt der Datenerhebung selbstbestimmt über den Umgang mit diesen zu befinden. Die Auskunftsrechte sichern dem Betroffenen hingegen für die Phasen der Verarbeitung und Nutzung der Daten die Möglichkeit, sich über den Umgang mit seinen Daten zu informieren. Weiterhin gibt es zahlreiche Informations-, Unterrichtungs-, Hinweis- und Aufklärungspflichten. Zuletzt ist der Arbeitgeber auch zur Erstellung des Verfahrensverzeichnisses nach § 4g Abs.2 BDSG verpflichtet (siehe oben).

3.2.2.4 Der Grundsatz der Datenvermeidung und Datensparsamkeit

Der Grundsatz der Datenvermeidung und Datensparsamkeit hat in § 3a BDSG seine eigene rechtliche Kodifizierung erfahren. Danach muss der Umgang mit personenbezogenen Daten und die Auswahl und Gestaltung von Datenverarbeitungssystemen auf das Ziel ausgerichtet werden, so wenig personenbezogene Daten wie möglich zu erheben, zu verarbeiten oder zu nutzen. Eine Speicherung auf Vorrat ist grundsätzlich nicht zulässig. Eine Konkretisierung erfährt dieser Grundsatz in Satz 2 dadurch, dass die verantwortlichen Stellen aufgefordert werden, von den Möglichkeiten der Anonymisierung und Pseudonymisierung Gebrauch zu machen (siehe zu den Begriffen Anonymisierung und Pseudonymisierung weiter oben).

3.2.2.5 Betroffenenrechte

Das Bundesdatenschutzgesetz regelt nicht nur die Anforderungen, denen datenschutzrechtliche Eingriffe genügen müssen, um rechtmäßig zu sein, sondern gewährt auch eine Reihe von Betroffenenrechten. Die Möglichkeit zur Wahrung dieser Rechte durch den Betroffenen wird durch das Verfahrensverzeichnis sichergestellt. Dieses Verzeichnis ist dem Betroffenen auf Anfrage bekannt zugeben.

Zu den Betroffenenrechten gehören:

- Auskunftsrechte
- Benachrichtigungsrechte
- Berichtigungsrechte
- Löschungsrechte
- Sperrungsrechte
- sowie Anrufungsrechte

Mit Hilfe der Auskunftsrechte kann der Betroffene jederzeit erfahren, welche personenbezogenen Daten zu welchem Zweck von der verantwortlichen Stelle erhoben, verarbeitet oder genutzt werden[125]. Werden personenbezogene Daten ohne Kenntnis des Betroffenen erhoben, verarbeitet oder genutzt, so ist er nachträglich über die Speicherung, die Zweckbestimmung und die Identität der verantwortlichen Stelle in Kenntnis zu setzen. Dem Betroffenen steht ein Berichtigungsrecht zu, wenn inhaltlich falsche Daten gespeichert wurden. Sind Daten zum Beispiel wegen der Zweckerfüllung des Datenumgangs nicht mehr zu speichern, steht dem Betroffenen darüber hinaus auch ein Löschungsrecht zu, beziehungsweise, soweit gesetzliche Aufbewahrungsfristen bestehen, ein Sperrungsrecht. Bei Vorliegen von Datenschutzrechtsverstößen kann der Betroffene die zuständige Datenschutzkontrollinstanz kontaktieren beziehungsweise sein Schadensersatzrecht geltend machen, wenn ihm durch die unzulässige automatisierte Verarbeitung ein Schaden entstanden ist[126].

3.2.2.6 Datensicherheit

Unter dem Begriff der Datensicherheit wird der Schutz der gespeicherten Daten vor Beeinträchtigung durch höhere Gewalt, menschliche oder technische Fehler und Missbrauch verstanden[127]. Im Vordergrund steht demnach der Schutz des einzelnen Datums vor unerwünschtem Zugriff oder Verlust, mithin die Sicherstellung der Integrität, der Vertraulichkeit und der Verfügbarkeit der Daten[128]. Anders beim Datenschutz, bei dem es um den Schutz des Bürgers vor unerwünschten Folgen aufgrund des Zugriffs oder Verlusts seiner Daten geht. Aus diesen Definitionen folgt,

---

[125] Witt, Datenschutz kompakt, S.81.
[126] Witt, Datenschutz kompakt, S.83.
[127] Taday, Informationelle Selbstbestimmung in IuK-Systemen, S.74.
[128] Tinnefeld/Ehmann/Gerling, Einführung in das Datenschutzrecht, S.384; Wächter, Datenschutz im Unternehmen, Rn.190.

dass der Datenschutz auf der Gewährleistung der Datensicherheit auf-setzt[129], die Datensicherheit ermöglicht quasi erst den Schutz der informationellen Selbstbestimmung auf technisch-organisatorischer Ebene[130].

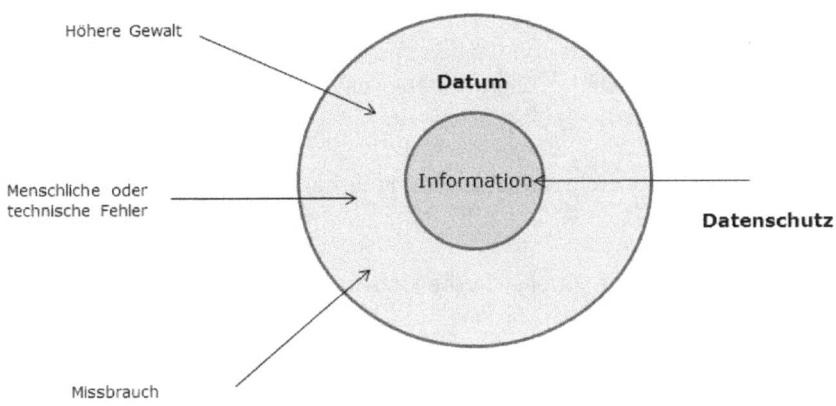

Datensicherheit

Abb. 3: Datenschutz und Datensicherheit

Insofern sollte man die Datensicherheit ebenso zu den datenschutzrechtli-chen Grundprinzipien zählen. Im Bundesdatenschutzgesetz korrespondiert der Grundsatz der Datensicherheit mit den Anforderungen an die techni-schen und organisatorischen Maßnahmen in § 9 BDSG und den einzelnen Datensicherungsmaßnahmen in der entsprechenden Anlage zu § 9 S.1 BDSG.

Bevor auf die einzelnen technischen und organisatorischen Anforderungen an die Datensicherheitsmaßnahmen eingegangen wird, erfolgt ein Über-blick über das übliche Verfahren zur Findung und Auswahl der entspre-chenden Datensicherheitsmaßnahmen.

---

[129] Tinnefeld/Ehmann/Gerling, Einführung in das Datenschutzrecht, S.386.
[130] Wächter, Datenschutz im Unternehmen, Rn.189.

3.2.2.6.1 Einrichtung eines Risikomanagements zur Umsetzung der Datensicherheit

Die Identifikation von sicherheitsrechtlichen Schwachstellen und die Bestimmung der Maßnahmen, die zu ergreifen sind, um den Bedrohungen im Einzelfall gerecht zu werden, sollten im Rahmen eines Risikomanagements erfolgen. Risikomanagement wird definiert als die systematische Erfassung und Bewertung von Risiken sowie die Steuerung von Reaktionen auf festgestellte Risiken[131]. Ziel ist dabei die Erstellung eines Sicherheitskonzepts.

Die Studie geht von folgenden Stufen innerhalb des Risikomanagements aus:

- Festlegung einer Datensicherheitsstrategie
- Verhältnismäßigkeitprüfung
- Risikoanalyse
- Risikobewertung
- Risikobehandlung
- Sicherheitskonzept

3.2.2.6.1.1 Datensicherheitsstrategie

Die Aufgabenstellung und die Ziele des Unternehmens sind beim Risikomanagement Ausgangspunkt der Erstellung des Sicherheitskonzepts. Ausgehend von den allgemeinen Unternehmenszielen ist zu hinterfragen, wie diese durch den Einsatz der Informationstechnik unterstützt oder verbessert werden können. Die Ergebnisse münden schließlich in der Datensicherheitsstrategie[132], die die Grundlage für die weiteren Stufen bildet.

3.2.2.6.1.2 Verhältnismäßigkeitsprüfung

Datensicherheitsmaßnahmen müssen verhältnismäßig sein. Abzuwägen sind daher die Schutzbedürftigkeit der im Einzelfall betroffenen personenbezogenen Daten und der technische, finanzielle und personelle Aufwand, der mit einer entsprechenden Umsetzung der Datensicherheitsmaßnahme einhergeht[133]. Nur wenn die konkrete Maßnahme im Einzelfall geeignet, erforderlich und angemessen ist, ist sie auch verhältnismäßig[134] und somit als Datensicherheitsmaßnahme einzusetzen.

---

[131] Wikipedia, Risikomanagement
[132] Münch, Technisch-organisatorischer Datenschutz, S.114.
[133] Tinnefeld/Ehmann/Gerling, Einführung in das Datenschutzrecht, S.389.
[134] Tinnefeld/Ehmann/Gerling, Einführung in das Datenschutzrecht, S.390.

3.2.2.6.1.3 Risikoanalyse

Zu Beginn der Risikoanalyse steht eine Bestandsaufnahme, in der es darum geht, die Risiken der geplanten Informationsverarbeitung zu erkennen. In einer Bedrohungsanalyse sind die relevanten Bedrohungen zu ermitteln (so zum Beispiel die Bedrohungen für einen Arbeitsplatzcomputer durch Beschädigung, Diebstahl, Computerviren, unberechtigten Zugang oder Zugriff, unzureichende Bestandssicherung und so weiter) und diese den verursachenden Objekten und Subjekten zuzuordnen. Objekte sind zum Beispiel die Anwendungsdaten, die Software, die Datenträger, die Personen[135]. Mit Hilfe der Grundschutz-Kataloge des Bundesamtes für Sicherheit in der Informationstechnik kann man sich zunächst umfassend über die unabhängig von einem spezifischen Einsatzfeld bestehenden Bedrohungen informieren und diese als Grundlage für die eigene Analyse verwenden. Darüber hinaus sollte der IT-Beauftragte des Unternehmens noch die spezifischen durch die Einführung des konkreten Personalinformationssystems entstehenden Bedrohungen identifizieren und in die Risikoanalyse mit einbeziehen.

3.2.2.6.1.4 Risikobewertung

Im Rahmen der Risikobewertung gibt es unterschiedliche Verfahren. Es gibt die quantitativen Methoden, die entweder mit der Berechnung des Risikos als Produkt der Eintrittswahrscheinlichkeit der Bedrohung, mit der Auswirkung der Bedrohung (Berechnungsmethode) oder aber einer Risikomatrix für Wertepaare - Eintrittswahrscheinlichkeit und Schadenshöhe - (Klassifizierungsmethode) arbeiten. Qualitative Methoden sind die Checklistenmethode oder die Methode der mathematischen Modellierung.

Im Rahmen dieses Buches wird für die Risikobewertung die Klassifizierungsmethode des Bundesamtes für Sicherheit in der Informationstechnik vorgeschlagen:

Das Datenschutzrisiko kann man bei dieser Methode in einer Matrix aus der Höhe des Schadens und der Eintrittshäufigkeit ablesen. Dabei stellen bestimmte Kombinationen von Wertepaaren tragbare respektive untragbare Risiken dar.

---

[135] BSI, IT-Sicherheitshandbuch, Kapitel 5.1.

Für die Höhe schlägt das Bundesamt für Sicherheit in der Informationstechnik eine sechsteilige Skala mit Werten von „unbedeutend" bis „le-
bensgefährdende Katastrophe" vor.
Die Eintrittswahrscheinlichkeit wird ebenfalls in sechs Stufen (von „nach
menschlichem Ermessen ausgeschlossen" bis „sehr häufig") unterteilt.

Auch hier müssen die Stufen durch das Unternehmen mit konkreten
Werten belegt werden.

In einer Matrix können nun beide Werte gegenübergestellt werden. Das
Unternehmen entscheidet, welche Wertekombinationen zu einem tragba-
ren und welche zu einem untragbaren Risiko führen und kennzeichnet
diese Entscheidung in der Matrix mit einem „T" beziehungsweise einem
„U". Im Matrix-Schnittpunkt kann schließlich der Risikowert abgelesen
werden.

Ein Sicherheitsbedarf ergibt sich, wenn nach der Risikoanalyse und -
bewertung festgestellt wurde, dass mindestens ein Risiko nicht tragbar ist.
Um diesem Risiko entsprechend zu begegnen, müssen dann im Rahmen
des Sicherheitskonzepts geeignete Datensicherheitsmaßnahmen spezifiziert werden.

3.2.2.6.1.5 Sicherheitskonzept

Das Sicherheitskonzept enthält die Beschreibung des gegenwärtigen
Zustandes einschließlich der bestehenden Risiken, die Festlegung der
durchzuführenden Maßnahmen, die Begründung der Auswahl der entsprechenden Sicherheitsmaßnahmen unter dem
Kosten-Nutzen-Aspekt sowie die Beschreibung des Restrisikos. Zusätzlich
wird beschrieben, wie die Aufgaben und die Verantwortung bei der Durchführung der Maßnahmen verteilt sind. Darüber hinaus enthält das Konzept
einen Zeitplan für die Realisierung. Wesentlicher Input für die Erstellung
des Datensicherheitskonzepts sind die Ergebnisse der festgelegten Datensicherheitsstrategie und der Risikobewertung[136]. Welche Datensicherheitsmaßnahmen typischerweise im Sicherheitskonzept festgelegt werden,
wird im Rahmen der Konzeptionsphase beispielhaft aufgezeigt.

---

[136] Münch, Technisch-organisatorischer Datenschutz, S.145.

3.2.2.6.2 Die einzelnen Datensicherungsmaßnahmen

Bei den einzelnen Maßnahmen zur Datensicherheit handelt es sich um:

- Zutrittskontrolle
- Zugangskontrolle
- Zugriffskontrolle
- Weitergabekontrolle
- Eingabekontrolle
- Auftragskontrolle
- Verfügbarkeitskontrolle
- Trennungsgebot

Die folgenden Ausführungen beziehen sich nur auf typische Risiken im Zusammenhang mit dem Einsatz von Personalinformationssystemen. Zusätzlich bestehen in jedem Unternehmen die normalen Datensicherheitsrisiken, wie sie auch im Grundschutz-Katalog des Bundesamtes für Sicherheit in der Informationstechnik aufgeführt sind (zum Beispiel Diebstahl eines Personal Computers oder Datenverlust wegen eines Stromausfalls). Auf diese allgemeingültigen Bedrohungen wird im Rahmen dieser Ausführungen kein Bezug genommen.

3.2.2.6.2.1 Anforderungen an technische und organisatorische Maßnahmen zur Zutritts-, Zugangs- und Zugriffskontrolle

Nach Nr.1 der Anlage zu § 9 BDSG ist Unbefugten der Zutritt zu Datenverarbeitungsanlagen, mit denen personenbezogene Daten verarbeitet oder genutzt werden, zu verwehren. Die Zutrittskontrolle kann als Gebäude- oder/ und Raumsicherung erfolgen. Wird die Gebäudesicherung automatisiert, so erfolgt der Zutritt über Ausweisleser, Chipkarten, Transponder oder biometrische Verfahren[137]. Bei der Raumsicherung wird entweder mit Generalschlüsselanlagen und organisatorischen Maßnahmen zur Aufbewahrung und Benutzungskontrolle oder aber mit den gleichen Verfahren wie bei der Gebäudesicherung (Transponder, Chipkarten oder Biometrie) gearbeitet[138]. Bei der Raumsicherung sollten nicht nur die Türen, sondern auch die Fenster entsprechend gesichert werden.

---

[137] Münch, Technisch-organisatorischer Datenschutz, S.310.
[138] Münch, Technisch-organisatorischer Datenschutz, S.315.

Nach Nr.2 der Anlage zu § 9 BDSG gilt es zu verhindern, dass Datenverarbeitungssysteme von Unbefugten genutzt werden. Bei der Zugangskontrolle geht es um die Identifizierung und Authentifizierung des Benutzers der EDV-Anlage, um Zugang zu seinem Desktop oder einem vernetzten System zu erhalten. In der Regel wird hierfür ein Benutzername und Passwort verwendet. Schwachstellen können hier auftreten, weil die Benutzer keine sicheren Passwörter wählen, die Passwörter leichtfertig preisgeben oder aber Passwörter vergessen, weil sie möglicherweise in einer heterogenen Computerwelt für jedes System ein eigenes Passwort benötigen[139].

Bei der Zugriffskontrolle geht es darum, zu gewährleisten, dass die zur Benutzung eines Datenverarbeitungssystems Berechtigten ausschließlich auf die ihrer Zugriffsberechtigung unterliegenden Daten zugreifen und dass personenbezogene Daten bei der Verarbeitung, Nutzung und nach der Speicherung nicht unbefugt gelesen, kopiert, verändert oder entfernt werden können (vergleich Nr.3 der Anlage zu § 9 BDSG). Im Rahmen des Zugriffskontrollsystems ist zunächst die Aufstellung eines Berechtigungskonzeptes erforderlich, um abhängig vom Tätigkeits- und Aufgabenfeld des jeweiligen Nutzers den Zugriff auf bestimmte Datenbestände zu regeln. Weiterhin sind organisatorische Maßnahmen zu ergreifen, um auch die Zugriffskontrolle bei und nach der Speicherung zu gewährleisten. Dazu gehören zum Beispiel die richtige Aufstellung des Bildschirms, sodass Unbefugte keine Einsicht haben, die korrekte Einrichtung eines Bildschirmschoners, der für die Weiterbenutzung eine erneute Passworteingabe verlangt sowie ein Konzept für eine geeignete Datenträgeraufbewahrung und Vernichtung von Datenträgern[140].

3.2.2.6.2.2 Technische und organisatorische Maßnahmen zur Weitergabekontrolle

Nach Nr.4 der Anlage zu § 9 BDSG ist zu gewährleisten, dass personenbezogene Daten bei der elektronischen Übertragung oder während ihres Transports oder ihrer Speicherung auf Datenträger nicht unbefugt gelesen, kopiert, verändert oder entfernt werden können und dass überprüft und festgestellt werden kann, an welche Stellen eine Übermittlung personenbezogener Daten erfolgt ist. Die Weitergabekontrolle soll den sicheren Datentransport innerhalb oder außerhalb des Unternehmens schützen. Hierher gehören insbesondere Verfahren der Kryptographie, Virtual Private

---

[139] Münch, Technisch-organisatorischer Datenschutz, S.327.
[140] Münch, Technisch-organisatorischer Datenschutz, S.339-341.

Networks, Firewalls sowie Intrusion Detection Systeme. Bei einer Über-mittlung personenbezogener Daten an Dritte muss mit der abrufenden Stelle eine Vereinbarung zur Wahrung des Dienst- und Datengeheimnisses getroffen werden[141]. Außerdem ist der Arbeitgeber dazu verpflichtet zu überprüfen, ob der Dritte geeignet ist die technisch-organisatorischen Maßnahmen zur Datensicherung seinerseits zu gewährleisten.

3.2.2.6.2.3 Technische und organisatorische Maßnahmen zur Eingabe,- Auftrags und Verfügbarkeitskontrolle sowie zum Trennungsgebot

Bei der Eingabekontrolle ist zu gewährleisten, dass nachträglich überprüft und festgestellt werden kann, ob und von wem personenbezogene Daten in Datenverarbeitungssysteme eingegeben, verändert oder entfernt wor-den sind (Nr.5 der Anlage zu § 9 BDSG). Ziel und Aufgabe der Protokollie-rung ist die Überwachung der Zugriffe. Schreibende und lesende Zugriffe werden protokolliert um nachzuweisen, welcher Nutzer wann und mit welchen Verfahren Daten verarbeitet hat.

Weiter ist nach Nr.6 der Anlage zu § 9 BDSG zu gewährleisten, dass personenbezogene Daten, die im Auftrag verarbeitet werden, nur entspre-chend den Weisungen des Auftraggebers verarbeitet werden können (siehe unten).

Nach Nr.7 der Anlage zu § 9 BDSG muss der Arbeitgeber sicherstellen, dass personenbezogene Daten vor zufälliger Zerstörung oder zufälligem Verlust geschützt sind (durch Maßnahmen der Objektsicherung, der Stromversorgung, der eigentlichen Bestandsicherung im Wege von Back-ups und der Soft- und Hardwaresicherung).

Zuletzt ist nach Nr.8 der Anlage zu § 9 BDSG zu gewährleisten, dass zu unterschiedlichen Zwecken erhobene Daten getrennt verarbeitet werden können.

---

[141] Münch, Technisch-organisatorischer Datenschutz, S.367.

3.3 Konzeption

In der Konzeptionsphase sind die in der Analysephase identifizierten datenschutzrechtlichen Anforderungen an das System in spezifische Datenschutz- und Datensicherheitsmaßnahmen zu überführen.

Die Datenschutzmaßnahmen haben überwiegend Einfluss auf die Funktionalitäten des Personalinformationssystems als solches. Der Großteil dieser Maßnahmen muss in der Konzeptionsphase durch konkrete Algorithmen spezifiziert und später in der Realisierungsphase durch Funktionen und Methoden umgesetzt werden. Die Datensicherheitsmaßnahmen hingegen werden im Rahmen des Entwicklungs- und Einführungsprozesses relevant und müssen in der Konzeptionsphase durch geeignete Konzepte (so zum Beispiel das Berechtigungskonzept) und sicherheitstechnische Vorkehrungen (zum Beispiel das Radio Frequenz Identifikationsverfahren bei der Zutrittskontrolle) spezifiziert werden.

Für die Spezifikation der Datensicherheitsmaßnahmen gibt es das Sicherheitskonzept, in dem unter anderem festgelegt wird, welche Maßnahmen im Unternehmen zur Gewährleistung der Datensicherheit durchgeführt werden müssen (siehe oben beim Risikomanagement). Um eine datenschutzrechtliche Kontrolle zu erleichtern, wird empfohlen, die Ausarbeitung der datenschutzspezifischen Anforderungen zu konkreten Datenschutzmaßnahmen ebenfalls explizit in einem Datenschutzkonzept zu sammeln. Die ursprünglich nur für die Datensicherheitsmaßnahmen entwickelten erhöhten Qualitätsanforderungen an die Dokumentation des Sicherheitskonzepts gelten dann auch für das Datenschutzkonzept:

Um der Dokumentationssicherheit zu genügen, müssen die Dokumentationen zunächst für die Beschäftigten des Unternehmens verfügbar und zugänglich sein. Weiterhin muss auch die Vollständigkeit gewährleistet werden. Der Aufbau der Dokumentationen ist übersichtlich, anschaulich und einheitlich zu gestalten. Streng vertrauliche Bereiche im Rahmen der Dokumentationen (zum Beispiel die Hinterlegung des Administrator-Passwortes) sind als solche zu kennzeichnen. Zuletzt müssen die Dokumentationen auch anpassungsfähig und personenunabhängig sein und rechtzeitig und aktuell vorliegen[142].

---

[142] Münch, Technisch-organisatorischer Datenschutz, S.164.

In den folgenden Ausführungen werden beispielhaft typische Datenschutz- und Datensicherheitsmaßnahmen aufgezeigt, die sich aus den in der Analyse erläuterten Datenschutzanforderungen ergeben können.

3.3.1 Datenschutzkonzept

Im Rahmen des Datenschutzkonzepts sind die in der Analysephase identifizierten Datenschutzanforderungen in konkrete Datenschutzmaßnahmen zu spezifizieren. In diesem Konzept geht es primär darum sicherzustellen, dass die Funktionalitäten des Personalinformationssystems den ordnungsgemäßen Umgang mit den personenbezogenen Daten der Belegschaft gewährleisten.

3.3.1.1 Verbot mit Erlaubnisvorbehalt

Grundlegende Voraussetzung für den Umgang mit Daten durch ein Personalinformationssystem ist zunächst, dass es eine Norm gibt, die den speziellen Eingriff (Umgang) gestattet und nicht explizit verbietet (siehe oben). Im Rahmen des Datenschutzkonzeptes ist die für jeden Eingriff erforderliche Eingriffsgungsgrundlage zu identifizieren und zu dokumentieren.

Zunächst gibt es zahlreiche spezialgesetzliche Eingriffsgrundlagen, die überwiegend die Datenübermittlung und die Datensperre bereichsspezifisch regeln. Wie bereits erläutert, muss der Arbeitgeber nach mehr als 300 Vorschriften über 200 Datenübermittlungen vornehmen[143]. Exemplarisch werden einige wenige spezialgesetzliche Vorschriften aufgezeigt, die eine Datenübermittlung rechtfertigen oder zum Teil sogar anordnen:

---

[143] Taday, Informationelle Selbstbestimmung in IuK-Systemen, S.174.

Vorschrift	Melde-, Auskunfts- oder Anzeigepflicht
Meldungen nach dem SGB	
§ 57 SGB II	Arbeitgeber haben der Agentur für Arbeit auf deren Verlangen Auskunft über solche Tatsachen zu geben, die für die Entscheidung über einen Anspruch auf Leistungen nach dem Buch II (Arbeitslosengeld II) erheblich sein können.
§ 28 a SGB IV	Der Arbeitgeber hat der Einzugsstelle (gesetzliche Kranken-, Unfall- und Rentenversicherung) für jeden in der Kranken-, Pflege-, Rentenversicherung oder nach dem Recht der Arbeitsförderung kraft Gesetzes Versicherten Meldung zu erstatten.
§ 198 SGB V	Der Arbeitgeber hat die versicherungspflichtig Beschäftigten nach den §§ 28a bis 28c des Vierten Buches an die zuständige Krankenkasse zu melden.
§ 193 Abs.1 SGB VII	Die Unternehmer haben Unfälle von Versicherten in ihren Unternehmen dem Unfallversicherungsträger anzuzeigen, wenn Versicherte getötet oder verletzt wurden.
§ 80 Abs.1 SGB IX	Die Arbeitgeber haben, gesondert für jeden Betrieb und jede Dienststelle, ein Verzeichnis der bei ihnen Beschäftigten Schwerbehinderten zu führen und dieses den Vertretern oder Vertreterinnen der Bundesagentur für Arbeit und des Integrationsamtes vorzulegen.
§ 98 Abs.1 SGB X	Soweit es in der Sozialversicherung einschließlich der Arbeitslosenversicherung im Einzelfall für die Erbringung von Sozialleistungen erforderlich ist, hat der Arbeitgeber auf Verlangen dem Leistungsträger oder der zuständigen Einzugsstelle Auskunft über die Art und Dauer der Beschäftigung, den Beschäftigungsort und das Arbeitsentgelt zu erteilen.
Meldungen nach der DEÜV an Sozialversicherungsträger (§§6-13 DEÜV)	
§ 6 DEÜV	Der Beginn einer versicherungspflichtigen Beschäftigung ist mit der ersten folgenden Lohn- und Gehaltsabrechnung, spätestens innerhalb von sechs Wochen nach ihrem Beginn, zu melden.
§ 7 DEÜV	Der Tag des Beginns eines Beschäftigungsverhältnisses ist in den in § 28a Abs. 4 Satz 1 bis 3 des Vierten Buches Sozialgesetzbuch genannten Wirtschaftsbereichen oder Wirtschaftszweigen spätestens bei Beschäftigungsaufnahme an die Datenstelle der Träger der Rentenversicherung zu melden.
§ 11 DEÜV	Der Arbeitgeber hat beitragspflichtiges einmalig gezahltes Arbeitsentgelt zusammen mit dem beitragspflichtigen laufend gezahlten Arbeitsentgelt zu melden.
Sonstige Gesetze	
§ 17 IV ArbZG	Die Aufsichtsbehörde kann vom Arbeitgeber die für die Durchführung dieses Gesetzes und der auf Grund dieses Gesetzes erlassenen Rechtsverordnungen erforderlichen Auskünfte verlangen.
§ 50 JarbSchG	Der Arbeitgeber ist verpflichtet, der Aufsichtsbehörde auf Verlangen die zur Erfüllung ihrer Aufgaben erforderlichen Angaben wahrheitsgemäß und vollständig zu machen.

Tabelle 6: Spezialgesetzliche Melde- und Auskunftspflichten des Arbeitgebers.

Als Auffangtatbestand, der im Beschäftigungsverhältnis generell eine Datenerhebung und Datenspeicherung gestattet (soweit dies für das Arbeitsverhältnis erforderlich ist), kommt § 32 BDSG in Betracht. So stützt sich zum Beispiel das Erheben und Speichern von Daten im Zusammenhang mit der digitalen Personalakte auf § 32 BDSG.

Weiterhin sind auch die für die Übertragung personenbezogener Daten erforderlichen Schnittstellen zu Softwaretools von öffentlichen Stellen wie der elektronischen Steuererklärung (ELSTER) oder aber DAKOTA, mit der Beitragsnachweise und Sozialversicherungsmeldungen an die Annahmestellen der Krankenkassen übermittelt werden können sowie die Schnittstellen zu anderen Informationssystemen im Unternehmen (zum Beispiel verschiedene Personalinformationssysteme) zu spezifizieren.

Zudem gibt es zahlreiche bereichsspezifische Vorschriften, die eine weitere Aufbewahrung (Datensperrung) der gespeicherten Daten anordnen: Im Bewerbungsverfahren regelt § 15 Abs.4 AGG die Aufbewahrung personenbezogener Daten für die Dauer von bis zu sechs Monaten[144] für den Fall, dass der Bewerber gegen die ablehnende Entscheidung des Arbeitgebers auf Grund einer vermeintlichen Diskriminierung vorgehen möchte. Auch für die Lohn- und Gehaltsabrechnung gibt es spezielle Anspruchsgrundlagen, die eine weitere Aufbewahrung der Daten gestatten beziehungsweise anordnen (so sind zum Beispiel Buchungsbelege gemäß § 147 Abs.3 AO zehn Jahre lang und Lohnlisten sechs Jahre lang aufzubewahren; für Arbeitsunfähigkeitsbescheinigungen gilt diese lange Aufbewahrungsfrist nur, wenn sich auf Grund einer Erkrankung von mehr als sechs Wochen eine Gehaltskürzung ergeben hat[145]). Aufzeichnungen über Überstunden der Mitarbeiter sind gemäß § 16 Abs.2 ArbZG für zwei Jahre aufzubewahren.

Zuletzt gibt es mit § 6a BDSG auch eine Norm, die eine bestimmte Form der Datenverarbeitung untersagt. Diese Vorschrift bestimmt, dass Entscheidungen, die für den Betroffenen eine rechtliche Folge nach sich ziehen oder ihn erheblich beeinträchtigen, nicht ausschließlich auf eine automatisierte Verarbeitung personenbezogener Daten gestützt werden dürfen. Dies gilt zum Beispiel für Bewerbungsverfahren, bei denen die Bewerbungen ausschließlich mit Hilfe eines Webformulars aufgenommen

---

[144] Witt, Datenschutz kompakt, S.140.
[145] Witt, Datenschutz kompakt, S.148.

und ausgewertet werden[146], es sei denn, der Bewerber wird hierrüber ausdrücklich informiert und ihm wird die Möglichkeit geboten, sich nochmals schriftlich unter Darlegung weiterer bei der automatisierten Entscheidung nicht berücksichtigter Aspekte zu bewerben[147]. § 6a BDSG gilt ebenfalls für digitale Personalakten, wenn Entscheidungen, die die Belegschaft betreffen, ausschließlich automatisiert nach bestimmten Merkmalen getroffen werden sollen. Sollen Gesundheitsdaten erhoben werden, ist dies gemäß § 28 Abs.7 BDSG nur zulässig, wenn dies zum Zweck der Gesundheitsvorsorge oder für die Verwaltung von Gesundheitsdiensten erforderlich ist und die Verarbeitung dieser Daten durch ärztliches Personal oder durch sonstige Personen erfolgt, die einer entsprechenden Geheimhaltungspflicht nach § 203 StGB unterliegen, wie zum Beispiel der Betriebsarzt, der Betriebssanitäter oder der Ersthelfer[148].

3.3.1.2 Der Zweckbindungs- und Erforderlichkeitsgrundsatz

Der Zweck, zu dem eine Datenerhebung, -verarbeitung oder –nutzung erfolgt, muss im Rahmen des Datenschutzkonzepts für jeden einzelnen Eingriff dokumentiert werden. Sollen personenbezogene Daten zunächst erhoben, dann gespeichert und schließlich genutzt werden, muss sich der Verwendungszweck explizit auf jeden Datenumgang beziehen. In diesem Zusammenhang muss auch geprüft und dokumentiert werden, ob ein beabsichtigter Eingriff in das informationelle Selbstbestimmungsrecht der Betroffenen tatsächlich für die Begründung, Durchführung oder Beendigung des Arbeitsverhältnisses erforderlich ist.

Im Rahmen der Entwicklung und Einführung von Personalinformationssystemen gibt § 32 BDSG als allgemeiner Auffangtatbestand den Zweck, zu dem die Erhebung, Verarbeitung und Nutzung der Daten erfolgen muss, vor, soweit keine bereichsspezifische Norm vorrangig Anwendung findet. Danach muss der Zweck des Datenumgangs in der Begründung, Durchführung oder Beendigung des Arbeitsverhältnisses liegen; insoweit entspricht der neue § 32 BDSG dem alten § 28 BDSG, sodass im Ergebnis die bisherige Auslegung des bislang angewandten allgemeinen § 28 BDSG gelten[149].

---

146 Witt, Datenschutz kompakt, S.141.
147 Gola, Datenschutz am Arbeitsplatz, S.196.
148 Witt, Datenschutz kompakt, S.148.
149 Schild/Tinnefeld, DuD 2009, 469 (470).

Zur Aufnahme des Arbeitsverhältnisses beziehungsweise zur Einleitung des Bewerberverfahrens dürfen personenbezogene Daten gemäß § 32 BDSG erhoben werden, da diese Daten für die Begründung des Arbeitsverhältnisses erforderlich sind. Besonders zu berücksichtigen ist insoweit aber, dass tatsächlich nur die personenbezogenen Daten erhoben werden, die für die in Betracht kommende Stelle benötigt werden und die in einem sachlichen Zusammenhang mit dem einzugehenden Arbeitsverhältnis stehen[150]. Die Bewerberdaten unterliegen mithin einer besonderen Zweckbestimmung[151]. Sollte es zu einer Einstellung des Bewerbers kommen, so sind seine bisher vorgelegten Unterlagen zur digitalen Personalakte hinzuzunehmen und weitere Angaben zu ergänzen. Dieser Eingriff stellt eine Veränderung der personenbezogenen Daten dar, der jedoch im Rahmen des Zweckbindungsgrundsatzes von § 32 BDSG erfasst ist. Bei Ablehnung eines Bewerbers sind dessen Daten unverzüglich zurückzuschicken, Personalfragebögen zu vernichten und die für einen Bewerberpool weiterhin gespeicherten Daten auf das nötigste (Kontaktdaten und Geburtsdatum) zu beschränken[152].

Aus dem Zweckbindungsgrundsatz folgt für die digitale Personalakte darüber hinaus auch, dass sie inhaltlich richtig sein muss. Die Datensätze über die Beschäftigten müssen korrekt sein und sind daher nach entsprechender Meldung durch den Mitarbeiter zu korrigieren[153].

Angaben, die im Rahmen von Arbeitszeitmanagementsystemen gespeichert und verwendet werden, unterliegen einer speziellen Zweckbindung und dürfen daher nicht für spätere Leistungsbewertungen herangezogen werden[154].

Besondere Arten personenbezogener Daten sollten im Datenschutzkonzept entsprechend gekennzeichnet werden.

3.3.1.3 Transparenzgebot

Auch das Transparenzgebot muss durch die Umsetzung geeigneter Datenschutzmaßnahmen berücksichtigt und dokumentiert werden.

---

[150] Witt, Datenschutz kompakt, S.140.
[151] Gola/Wronka, Handbuch zum Arbeitnehmerdatenschutz, Rn.480.
[152] Gola, Datenschutz am Arbeitsplatz, S.196; Witt, Datenschutz kompakt, S.140.
[153] Witt, Datenschutz kompakt, S.138; Gola/Wronka, Handbuch zum Arbeitnehmerdatenschutz, Rn.82.
[154] Witt, Datenschutz kompakt, S.152.

Für die digitale Personalakte zum Beispiel ist es besonders wichtig, dass die Datenverarbeitung nachvollziehbar dokumentiert und dem Arbeitnehmer sein Einsichtsrecht nach § 83 Abs. 1 BetrVG gewährt wird[155]. Dieses Einsichtsrecht besteht auch nach Ausscheiden des Mitarbeiters aus dem Beschäftigungsverhältnis, soweit der Arbeitgeber die Personalakte weiter aufbewahrt hat[156]. Gehen aus der Personalakte selbst nicht alle Unterlagen und Vorgänge hervor, so muss dies zumindest vermerkt werden[157].

3.3.1.4 Grundsatz der Datenvermeidung und Datensparsamkeit

Im Rahmen von Personalkostenplanungs- oder Vergütungsmanagementsystemen müssen statistische und betriebswirtschaftlich aufbereitete Auswertungen über Gehaltszahlungen aggregiert erfolgen, sodass nicht auf einzelne Mitarbeiter geschlossen werden kann[158].

Weiter ist zu prüfen, ob Daten anonymisiert oder pseudonymisiert werden können. Soweit dies der Fall ist, sind entsprechende Algorithmen zu entwerfen und im Datenschutzkonzept zu dokumentieren.

3.3.2 Sicherheitskonzept

Im Rahmen des Sicherheitskonzepts sind die aus den technischen und organisatorischen Datenschutzanforderungen folgenden Maßnahmen zur Datensicherheit gemäß der Anlage zu § 9 BDSG zu spezifizieren und zu dokumentieren. Das Sicherheitskonzept stellt primär sicher, dass die Entwicklung und Einführung (und natürlich auch der spätere Betrieb) des Personalinformationssystems datenschutzkonform verläuft.

3.3.2.1 Technische und organisatorische Maßnahmen zur Zutritts-, Zugangs- und Zugriffskontrolle

Für den Bereich des Personalmanagements gibt es auf Grund des verstärkten Umgangs mit den besonderen Arten personenbezogener Daten einen sehrl hohen Schutzbedarf. Daher ist für die Personalabteilung zunächst eine eigene Schutzzone einzurichten, für die folgende allgemeine Kriterien gelten:

---

[155] Gola/Wronka, Handbuch zum Arbeitnehmerdatenschutz, Rn.80.
[156] Lakies, in: Düwell, Betriebsverfassungsgesetz, § 83, Rn.7.
[157] Witt, Datenschutz kompakt, S.144.
[158] Witt, Datenschutz kompakt, S.147.

- Räumlichkeiten sind verschlossen zu halten.
- Räumlichkeiten sind mit einer separaten Schließung zu versehen.
- Arbeitsplätze sind aufgeräumt zu halten.
- Die Zutrittsberechtigungen sind auf das absolute Minimum zu beschränken.
- Personenbezogene Unterlagen sind mit wirkungsvollem Zugriffsschutz (hohe Passwortgüte) zu versehen[159].
- Ein hinreichendes Berechtigungskonzept ist einzuführen.

Zunächst ist ein Verfahren für einen effektiven Zutrittsschutz festzulegen. Immer verbreiteter ist zum Beispiel das Radio Frequency Identification Verfahren (RFID). Bei diesem Verfahren geht es um die berührungslose Übertragung von Informationen zwischen einem Datenträger und einer Leseeinheit zur automatische Identifizierung und Lokalisierung von Lebewesen oder Objekten. Ein RFID-System besteht aus einem Transponder sowie einem Lesegerät zum Auslesen der Transponder-Kennung. Das Lesegerät enthält eine Software, die den eigentlichen Leseprozess steuert und Schnittstellen zu weiteren IT-Systemen und der Datenbank bereithält. Soll dieses Verfahren im Unternehmen eingesetzt werden, sind weiterhin Entscheidungen darüber zu treffen, ob der RFID-Transponder auch für die Zeiterfassung oder andere Leistungen (zum Beispiel die Kantine) eingesetzt werden wird und dementsprechend personalisiert werden muss[160]. In diesem Fall muss weiterhin darauf geachtet werden, dass die personenbezogenen Daten, die auf den Chips gespeichert werden, aufgrund des Gebots der Datenvermeidung und Datensparsamkeit auf eine Minimum reduziert werden (so reicht zum Beispiel die Speicherung der Personalnummer für die Zeiterfassung aus)[161].

Für die Zugangskontrolle sollte ein Verfahren gewählt werden, das den Schwächen des herkömmlichen Passwortes (siehe oben) in geeigneter Weise begegnet. Hier gibt es verschiedene Möglichkeiten. Zunächst kann die Passworteingabe über so genannte virtuelle Tastaturen erfolgen. Dabei wird die Tastatur auf dem Bildschirm abgebildet und die eigentliche Passworteingabe erfolgt über die Maus. So können Sniffer-Attacken, bei denen ein Programm die Eingaben zwischen Tastatur und Motherboard überwacht, abgewendet werden. Eine weitere Möglichkeit ist die Verwendung von Einmal-Passwörtern. Diese können nur einmal verwendet werden und

[159] Witt, Datenschutz kompakt. S.139.
[160] Münch, Technisch-organisatorischer Datenschutz, S.311.
[161] Münch, Technisch-organisatorischer Datenschutz, S.311.

ihre Gültigkeit läuft nach kürzester Zeit ab. Zuletzt gibt es auch noch das so genannte Single-Sign-On-System. Hier wird einem Nutzer für das gesamte System ein einziges Passwort zugeordnet und so die Sicherheit erhöht und der Administratoraufwand gesenkt[162]. Abgesehen von einer effektiven technischen Umsetzung der Zugangskontrolle, ist im Rahmen von Mitarbeitergesprächen insbesondere auch darauf zu achten, dass den Arbeitnehmern der Sinn und Zweck von geeigneten Passwörtern und deren Schutz vor unbefugter Kenntnisnahme vermittelt wird. Ein technisch ausgereiftes Single-Sign-On-System wird kaum vor unberechtigtem Zugang schützen, wenn der entsprechende Mitarbeiter dieses Passwort freizügig an seine Kollegen weitergibt.

Im Rahmen der Zugriffskontrolle muss ein Berechtigungskonzept entwickelt werden. Zunächst muss die Verantwortlichkeit zur Vergabe und Verwaltung der Nutzerrechte festgelegt werden. In einem weiteren Schritt erfolgt dann die Festlegung der konkreten Rechte für einen ganz bestimmten Nutzer oder aber dessen Zuordnung zu einer Gruppe mit gleichem Rechteniveau. Letzteres geschieht über die Festlegung von Rollen. Eine Rolle fasst alle Berechtigungen zusammen, die eine bestimmte Gruppe von Mitarbeitern für einen bestimmten Geschäftsprozess benötigt[163]. Zuletzt muss regelmäßig überprüft werden, ob das Berechtigungskonzept noch aktuell ist oder sich zum Beispiel Änderungen durch ausgeschiedene Mitarbeiter ergeben. Im Idealfall sollte hier ein entsprechender automatisch ablaufender Prozess zwischen der Personal- und IT-Abteilung eingerichtet werden[164].

Schließlich ist auch eine Entsorgungsordnung festzulegen, um die sichere Datenträgervernichtung zu gewährleisten. In dieser muss geregelt werden, wer für das Entleeren der Papierkörbe verantwortlich ist, wo nicht mehr in Gebrauch befindliche Datenträger gesammelt werden und wie die ordnungsgemäße Lagerung und schließlich Datenvernichtung zu erfolgen hat.

Neben der Einrichtung einer allgemeinen Schutzzone für die Personalabteilung erfordern die einzelnen Personalinformationssysteme darüber hinaus spezifische Datensicherheitsmaßnahmen:

---

[162] Münch, Technisch-organisatorischer Datenschutz, S.325.
[163] Münch, Technisch-organisatorischer Datenschutz, S.332.
[164] Witt, Datenschutz kompakt. S.150.

Bei der digitalen Personalakte muss die Vertraulichkeit der Unterlagen und Datensätze im besonderen Maße sichergestellt werden, weil hier verstärkt besondere Arten personenbezogener Daten erhoben, gespeichert und genutzt werden (zum Beispiel die Zugehörigkeit zu einer Religionsgemeinschaft, für die Kirchensteuer abzuführen ist oder die Angaben zur Staatsangehörigkeit, Schwerbehinderung oder zu Gehaltspfändungen[165]). Soll die Personalakte im Zuge der Einführung eines Personalinformationssystems erst digitalisiert werden, erfolgt ein Medienwechsel, der besondere organisatorische Schutzvorkehrungen verlangt (sicheres Dokumentenscanning, Test auf jederzeitige Lesbarkeit der gespeicherten Datensätze, besonderer Zugriffsschutz, Einsatz einer Transportverschlüsselung zwischen Client und Server bei Datenaufruf und Datenübertragung sowie eine Protokollierung aller Zugriffe)[166]. Leistungsbewertungen im Rahmen von Performance-Management-Systemen sind der Personalakte zuzuordnen[167].

Gehen im Rahmen eines Beschaffungsmanagementsystems Bewerbungen per Email ein, sind diese separat zu speichern und zu sichern[168]. Werden Bewerbungen im Rahmen des e-Recruiting nur über das Internet aufgenommen, muss die verantwortliche Stelle sicherstellen, dass ein besonderes Schutzkonzept entwickelt wird, das zunächst für eine gesicherte Übertragung des Webformulars (Verschlüsselung mittels SSL) und einen gesicherten Webserver sorgt und eine entsprechende Datenschutzerklärung auf der Webseite bereithält[169].

Bei Arbeitszeitmanagementsystemen muss zusätzlich zu einem wirksamen Zugangsschutz[170] gewährleistet sein, dass betroffene Mitarbeiter jeweils nur ihre eigenen Zeiten in einem elektronischen Arbeitszeitkonto einsehen dürfen[171]. Werden im Rahmen der Zeiterfassung auch die Gründe für die Abwesenheit festgehalten und handelt es sich bei diesen Informationen um besondere Arten personenbezogener Daten (zum Beispiel Gesundheitsdaten), so dürfen diese wiederum nur einem beschränkten Personenkreis zugänglich gemacht werden.

---

[165] Witt, Datenschutz kompakt. S.138.
[166] Witt, Datenschutz kompakt. S.146.
[167] Gola/Wronka, Handbuch zum Arbeitnehmerdatenschutz, Rn.92; Witt, Datenschutz kompakt, S.153.
[168] Witt, Datenschutz kompakt. S.141.
[169] Witt, Datenschutz kompakt. S.142.
[170] Witt, Datenschutz kompakt. S.138.
[171] Witt, Datenschutz kompakt. S.152.

Im Zusammenhang mit den Abrechnungsdaten bei der Lohn- und Gehaltsabrechnung sind insbesondere die Schnittstellen zu Softwaretools von öffentlichen Stellen (ELSTER oder DAKOTA) oder zu privaten Institutionen wie den Banken besonders zu schützen. Hier müssen geeignete Übertragungswege vereinbart werden um eine sichere Übertragung der Abrechnungsdaten zu gewährleisten.

3.4 Realisierung

Kernaufgaben der Realisierungsphase sind insbesondere die Programmierung des Quellcodes und die Durchführung der Programm- beziehungsweise Systemtests.

3.4.1 Programmierung

Zentrale Aufgabe im Rahmen der Programmierung ist die Umsetzung der insbesondere im Datenschutzkonzept festgelegten Algorithmen in Methoden und Funktionen einer Programmiersprache.

Dabei sind bestimmte Prinzipien zu beachten, nach denen die Programmierung zu erfolgen hat, um eine datenschutzrechtliche Kontrolle und Überprüfung der Programme sicherzustellen.

Nach § 4g Abs.1 S.1 BDSG hat der Datenschutzbeauftragte die ordnungsgemäße Anwendung von Programmen zu überwachen (siehe oben). Diese Aufgabe wird aber nur dann durchführbar sein, wenn auch der Quellcode für den Datenschutzbeauftragten nachvollziehbar ist. Eine nachvollziehbare Programmierung ist weiterhin mit Blick auf ein zukünftiges Datenschutzaudit oder erforderliche Wartungsarbeiten unerlässlich. Die Nachvollziehbarkeit des Programms wird durch Beachtung der Prinzipien der Verbalisierung und der Dokumentation erreicht. Durch regelmäßige Kontrollen des Quellcodes sollte sichergestellt werden, dass die Programmierer diese grundlegenden Prinzipien verinnerlicht haben und konsequent umsetzen.

3.4.1.1 Verbalisierung

Die aus dem Datenschutzkonzept abgeleiteten Funktionen, Methoden und Datenstrukturen sind mit Kommentarzeilen zu dokumentieren[172]. Der

---

[172] Schwarze, Systementwicklung, S.193.

Einsatz von korrekten und verständlichen Kommentarzeilen dient zum einen der nachträglichen Fehlerbeseitigung in der Test- und Wartungsphase und zum anderen der Ausübung der Kontrollfunktion des Datenschutzbeauftragten und der Durchführung eines Datenschutzaudits.

3.4.1.2 Dokumentation

Programmdokumentationen dienen der Transparenz des zu entwickelnden Programms. Die Programmdokumentationen müssen aktuell, vollständig und nachvollziehbar sein. Änderungen im Quellcode müssen detailliert aufgezeichnet werden[173]. Datenschutzrelevante Aspekte müssen ebenfalls dokumentiert werden. Diese sind zum Beispiel:

- Anwendungsbereich des Programms
- Beschreibung der Programmabläufe
- Beschreibung der verwendeten Daten
- Verwaltung der Zugriffsberechtigungen
- Dokumentation aller internen und externen Schnittstellen
- Beschreibung der Zugriffe auf Schnittstellen durch das Programm
- Sicherung von Programmbeständen

3.4.2 Tests

Auch die im Rahmen von Programm- und Systemtests verwendeten Testdaten erfordern unter Umständen die Beachtung bestimmter Datenschutz- und Datensicherheitsmaßnahmen.

Die verantwortliche Stelle hat zu klären, um welche Art von Testdaten es sich handelt. Sollen personenbezogene Daten benutzt werden, muss der Arbeitgeber Datenschutz- und Datensicherheitsmaßnahmen ergreifen, um diese effektiv zu schützen.

Zunächst sollte die verantwortliche Stelle Testdaten vor ihrer Verwendung anonymisieren oder pseudonymisieren, soweit ein Personenbezug für den jeweiligen Test nicht erforderlich ist.

Eine weitere Bedrohung für die Testdaten besteht, wenn Dritte mit den Testdaten in Berührung kommen. Diese Gefahr besteht insbesondere dann, wenn die Programm- und Systemtests von Fremdpersonal durchgeführt werden sollen. Zunächst ist das Fremdpersonal vorab schriftlich zur

---

[173] Böhm/Fuchs, System-Entwicklung in der Wirtschaftsinformatik, S.502.

Einhaltung des Datengeheimnisses zu verpflichten (§ 5 BDSG). Weiterhin müssen Datensicherheitsmaßnahmen ergriffen werden, die einen unberechtigten Zugriff verhindern (Einrichtung eines entsprechenden Berechtigungskonzepts). In jedem Fall sollten Zugriffe Dritter protokolliert werden.

Für Wartungs- und Kontrollzwecke ist die Testumgebung und die ausgewählte Teststrategie zu dokumentieren. Sind aus den Testdaten anfallende Dokumente für Test- oder Wartungs- beziehungsweise Kontrollzwecke nicht mehr erforderlich, müssen sie entsprechend dem Zweckbindungsgrundsatz sicher und vollständig vernichtet werden.

3.5 Einführungsphase

In der Einführungsphase wird das Personalinformationssystem in Betrieb genommen. Dafür ist eine Reihe von Umstellungsmaßnahmen erforderlich. Die zuvor in Dokumentationen spezifizierten Sicherheitsmaßnahmen werden durch konkrete Sicherheitsvorkehrungen umgesetzt.

Zunächst müssen im Unternehmen Informations- und Schulungsmaßnahmen durchgeführt werden.

Zu den Informationsmaßnahmen gehört die Bereitstellung eines Benutzerhandbuchs, in dem unter anderem die Datenschutz- und Datensicherheitsmaßnahmen umfassend erläutert werden. Die oben beschriebenen erhöhten Qualitätsanforderungen an die Dokumentationen des Datenschutz- und Sicherheitskonzepts sollten für den datenschutzrechtlichen Teil im Rahmen des Benutzerhandbuchs entsprechend gelten. Im Benutzerhandbuch sollten zusätzlich auf einer Seite die wichtigsten datenschutzrechtlichen Prinzipien und Sicherheitsmaßnahmen zusammengefasst und verständlich erläutert werden. Die Mitarbeiter sollten motiviert werden, sich diese Informationen und Anweisungen in regelmäßigen Abständen anzuschauen und ihr eigenes Verhalten dementsprechend zu überprüfen.

Soweit das Personalinformationssystem in das informationelle Selbstbestimmungsrecht der Mitarbeiter eingreift, muss den Beschäftigten der Personalabteilung eine Schulung angeboten werden, in der die Bedeutung des Datenschutzes und die Kenntnis der rechtlichen Anforderungen und einschlägigen Datenschutzvorschriften vermittelt werden. Diese Schulung obliegt dabei dem Datenschutzbeauftragten (§ 4g Abs.1 Nr.2 BDSG). Er darf allein entscheiden, welche Maßnahmen zur Schulung der Beschäftigten geeignet und erforderlich sind. Der Arbeitgeber muss den Datenschutzbeauftragten mit finanziellen und materiellen Mitteln unterstützen, Räume bereitstellen und die Teilnahme der entsprechenden Mitarbeiter an der Schulung anordnen[174]. Die Inhalte der Datenschutzschulung sollten nachfolgende Bereiche umfassen[175]:

- Gegenstand, Sinn und Zweck des Datenschutzrechts
- Datenschutzrechtliche Risiken des jeweiligen Tätigkeitsbereichs
- Arbeitnehmerdatenschutz
- Datensicherheit (technische und organisatorische Maßnahmen)
- Datengeheimnis

Es sollte allen Beteiligten bewusst sein, dass die Schulung keine lästige Pflichtveranstaltung ist, sondern dass den Beschäftigten der Personalabteilung grundlegende Prinzipien für den Umgang mit den personenbezogenen Daten ihrer Kollegen vermittelt werden. Grundtenor der Schulung sollte sein, dass zwar die Unternehmensleitung Einfluss auf die Gewährleistung des Datenschutzes im Unternehmen hat, es aber am Ende an der Einstellung und dem Einsatz des einzelnen Sachbearbeiters liegt, ob eine bestimmte Sicherheitsmaßnahme scheitert oder erfolgreich ist.

Weiterhin hat auch die Datenübernahme eine datenschutzrechtliche Relevanz im Rahmen der Einführungsphase. Hier muss sichergestellt werden, dass die Integrität und Konsistenz der übernommenen Daten in der Datenbank gewährleistet ist, dass die Datenübernahme rekonstruierbar, kontrollierbar und wiederholbar ist und dass die Daten im alten System gemäß den Datenschutzanforderungen vernichtet werden[176].

3.6 Nutzung

In der Nutzungsphase geht es zum einen um die praktische Umsetzung und Anwendung der Datensicherheitsmaßnahmen im Unternehmensalltag sowie um spezifische datenschutzrelevante Aspekte der Softwarewartung.

---

[174] Koch, Der betriebliche Datenschutzbeauftragte, S.79.
[175] Koch, Der betriebliche Datenschutzbeauftragte, S.81.
[176] Böhm/Fuchs, System-Entwicklung in der Wirtschaftsinformatik, S.602.

3.6.1 Unternehmensalltag

Ist das Personalinformationssystem im Unternehmen eingeführt, wird sich herausstellen, ob das System selbst datenschutzkonform arbeitet und die Mitarbeiter der Personalabteilung beim Umgang mit den personenbezogenen Daten der Beschäftigten alle Sicherheitsmaßnahmen und Sicherheitsvorkehrungen beachten. Jetzt zahlen sich die schon in der Planungsphase investierten Mehrkosten für die Bestellung eines erfahrenen Datenschutzbeauftragten oder die in der Einführungsphase aufgebrachten Kosten für die Schulungen der Mitarbeiter aus. Hat die Unternehmensführung hier gespart, wird sich das spätestens im Unternehmensalltag zeigen, wenn das System selbst oder die Mitarbeiter der Personalabteilung im Umgang mit personenbezogenen Daten gegen Datenschutzbestimmungen verstoßen.

Das Unternehmen sollte durch regelmäßige Kontrollen und unter Umständen Wartungen der Software sicherstellen, dass das Personalinformationssystem auch nach Änderungen der Gesetzeslage noch datenschutzkonform arbeitet (so zum Beispiel wenn sich Sperrfristen, die im System automatisiert sind, verlängern oder verkürzen). Sinnvoll ist es in diesem Zusammenhang einen Mitarbeiter zumindest teilweise für die Überwachung der datenschutzrelevanten Vorschriften abzustellen beziehungsweise den Datenschutzbeauftragten mit dieser Aufgabe zu betreuen. Zudem sollte die Unternehmensführung die Mitarbeiter der Personalabteilung dazu motivieren, sich durch Eigentests oder durch Computer Based Training Systeme weiter zu informieren und zu trainieren, um mit den personenbezogenen Daten der Kollegen auch in Zukunft sicher umzugehen. In diesem Zusammenhang sollten ebenfalls regelmäßig (individuelle) Nachschulungen angeboten werden.

3.6.2 Wartung

Der Begriff der Softwarewartung beinhaltet die Veränderung eines Softwareprodukts nach dessen Inbetriebnahme, um Fehler zu beheben, Qualitätsmerkmale (zum Beispiel Zuverlässigkeit, Funktionalität, Änderbarkeit oder Übertragbarkeit) zu verbessern oder Anpassungen an die veränderte Umgebung vorzunehmen[177].

Datenschutz- und datensicherheitsrechtlich relevante Probleme entstehen, wenn die Wartungsarbeiten durch Fachpersonal außerhalb der verantwort-

---

[177] Wikipedia/Softwarewartung.

lichen Stelle durchgeführt werden sollen[178]. Kann dabei ein Zugriff auf personenbezogene Daten nicht ausgeschlossen werden, handelt es sich um eine Auftragsdatenverarbeitung nach § 11 Abs.5 BDSG. Bei der Auftragsdatenverarbeitung bleibt der Auftraggeber für die Einhaltung der Vorschriften des Bundesdatenschutzgesetzes verantwortlich, insbesondere muss der Beschäftigte seine Betroffenenrechte (§§ 6,7 und 8 BDSG) ihm gegenüber geltend machen, § 11 Abs.1 BDSG.

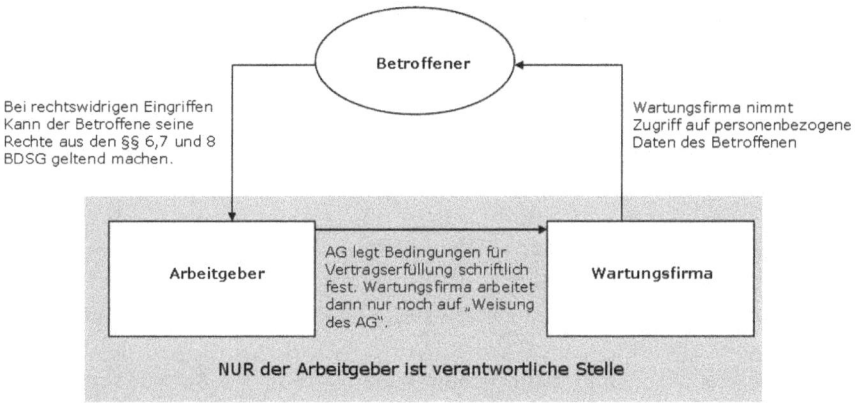

Abb. 4: Auftragsdatenverarbeitung bei Wartung durch Fremdpersonal.

Primäre Aufgabe des Unternehmens ist es daher, die Wartungsfirma sorgfältig auszuwählen. Maßstab sind die bei dem Auftragnehmer getroffenen technischen und organisatorischen Maßnahmen zur Datensicherung, die von der verantwortlichen Stelle unter Mitwirkung des Datenschutzbeauftragten vor Vertragsschluss zu überprüfen sind. Ein Indiz für ein ausreichendes Sicherheitsniveau stellen Zertifizierungen und Auditierungen der Wartungsfirma dar[179]. Das Unternehmen hat die Einhaltung der Datensicherungsmaßnahmen und die Verpflichtung auf das Datengeheimnis durch Abschluss eines schriftlichen Vertrages, welchen der Datenschutzbeauftragte auf Vollständigkeit kontrollieren muss, zu fixieren. § 11 Abs.2 BDSG gibt eine Reihe von Kriterien vor, die Bestandteil des Wartungsvertrages sein müssen.

---

[178] Soll die Wartung durch eigenes Personal stattfinden, dann sollten die Verantwortlichkeiten für Datenschutz und Datensicherheit in der Regel eindeutig festgelegt und zum Beispiel in dem Datenschutz- und Sicherheitskonzept festgelegt worden sein.
[179] Münch, Technisch-organisatorischer Datenschutz, S.379.

Welche Datensicherheitsmaßnahmen im Einzelfall bei der Wartungsfirma umgesetzt werden müssen, hängt entscheidend davon ab, ob es sich um eine Wartung vor Ort oder eine Fernwartung handelt. Prüfungsmaßstab ist in beiden Fällen Nr.6 der Anlage zu § 9 BDSG. Bei der Wartung vor Ort finden die Wartungsaktivitäten an dem Ort statt, an dem das Anwendungssystem implementiert ist. Bei der Fernwartung erfolgen die Wartungsarbeiten hingegen über das Internet, Intranet oder über herkömmliche Telekommunikationswege. Da bei der Fernwartung nur eine eingeschränkte Kontrolle der Wartungstätigkeiten durch das Fremdpersonal möglich ist, sind hier besonders hohe Sicherheitsvorkehrungen zu treffen.

Mögliche wichtige Datensicherungsmaßnahmen bei der Fernwartung sind[180]:

- Die Initialisierung einer Fernwartungsaktivität hat stets vom Arbeitgeber auszugehen, das heißt ein eigenmächtiges Aufschalten des Wartungspersonals auf die Systeme des Unternehmens muss verhindert werden.
- Zugang des Wartungspersonals zum System des Auftraggebers nur über Einmal-Passwörter.
- Für die Fehlersuche durch das Wartungspersonal sind Testdatenbestände zur Verfügung zu stellen.
- Die Aktivitäten des Wartungspersonals sind zu protokollieren und unter Umständen mittels Monitoring zu überwachen.
- Kommt es während der Wartung zur Datenübertragung personenbezogener Daten, dann muss die Übertragung verschlüsselt erfolgen.
- Die Wartungsfirma muss anschließend alle Daten des Auftragsgebers auf ihren Computern löschen.

---

[180] Münch, Technisch-organisatorischer Datenschutz, S.380.

4 Schlussbemerkung

In diesem Leitfaden wurden zunächst grundlegende Kenntnisse über datenschutzrechtliche Anforderungen und geeignete Datenschutz- und Datensicherheitsmaßnahmen vermittelt. Zudem wurde ein an datenschutzrechtliche Aspekte angepasstes Phasenmodell eingeführt. Es wurde dargestellt, dass geeignete Datenschutzmaßnahmen in der Konzeptions- und Realisierungsphase durch entsprechende Algorithmen, Funktionen und Methoden umzusetzen sind, um einen ordnungsgemäßen Umgang des Personalinformationssystems mit den personenbezogenen Daten der Belegschaft zu gewährleisten und es wurde auch erläutert, welche konkreten Datensicherheitsmaßnahmen in der Konzeptionsphase zu spezifizieren und im Rahmen der Entwicklung und Einführung des Systems durch die Mitarbeiter zu befolgen sind, um den sicheren Umgang der Belegschaft mit dem Personalinformationssystem sicherzustellen. Die Ausführungen haben gezeigt, dass ein datenschutzkonformes System alleine den Datenschutz der Beschäftigten nicht hinreichend gewährleisten kann. Zwingend erforderlich ist darüber hinaus, dass auch die Mitarbeiter, die auf dieses System zugreifen, mit den datensicherheitsrechtlichen Bestimmungen vertraut sind und diese befolgen. Das bestätigt die These, dass der Datenschutz auf der Gewährleistung der Datensicherheit aufbaut und im Rahmen einer Systementwicklung beide Grundsätze berücksichtigt werden müssen. Durch die Dokumentation der Anforderungen und Maßnahmen in entsprechenden Datenschutz- und Sicherheitskonzepten wird der Datenschutz für Kontrollorgane (zum Beispiel den Datenschutzbeauftragten und den Betriebsrat), für die Unternehmensleitung, die Mitarbeiter und für späteres Wartungspersonal transparent und somit schließlich in ihre Arbeitsabläufe integrierbar.

Ein darüber hinausgehendes Anliegen dieser Untersuchungen war es, die Bedeutung des Datenschutzes im Unternehmen zu verdeutlichen. Angefangen bei der Unternehmensleitung und der Festlegung ihrer Unternehmensstrategie bis hin zum einzelnen Sachbearbeiter muss der Datenschutz in die Unternehmenskultur integriert werden.

Die Unternehmensleitung soll den Datenschutz nicht als lästige Pflicht, die hauptsächlich Kosten verursacht und betriebliche Abläufe verhindert, verstehen, sondern ihn vielmehr als festen und gewünschten Bestandteil der Unternehmensstrategie ansehen. Zum einen ist es ein Trugschluss, dass Datenschutz nur Kosten verursacht, zum anderen ist speziell im

Bereich von Personalinformationssystemen ein besonders verantwortungsvoller Umgang der Unternehmensleitung mit den Personaldaten der Beschäftigten gefordert, um ein friedliches und motiviertes Betriebsklima zu gewährleisten.

Wie schon gezeigt wurde, sind einige Datenschutzmaßnahmen gerade im Hinblick auf die Wirschaftlichkeit, den sozialen Frieden und die Kundenbindung freiwillig und möglichst frühzeitig vorzunehmen. So ist ein Datenschutzbeauftragter – auch ohne eine gesetzliche Verpflichtung – schon im Rahmen der Planung eines Personalinformationssystems zu bestellen, um Mehrkosten durch die unzulängliche Umsetzung von Datenschutz- und Datensicherheitsmaßnahmen zu vermeiden, das Betriebsklima zu stärken und sich einen Wettbewerbsvorteil auf dem Markt zu verschaffen. In diesem Zusammenhang ist auch zu entscheiden, ob ein interner oder ein externer Datenschutzbeauftrager eingeschaltet wird. Bei der internen Beauftragung besteht die Gefahr, dass die Unternehmensleitung einen vermeintlich uneffektiven Arbeitnehmer für die Durchführung des Datenschutzes bereitstellt, um zusätzliche Kosten für die Dienstleistungen eines externen Datenschutzbeauftragten zu sparen. Diese Maßnahme rächt sich spätestens dann, wenn die Umsetzung der Datenschutzanforderungen im Unternehmen mangelhaft erfolgt. Der Arbeitgeber, der sich durch die Beauftragung des Datenschutzbeauftragten nicht von seiner eigenen Verantwortung, die Datenschutzgesetze zu beachten, befreien kann, muss dann die finanziellen oder unter Umständen sogar rechtlichen Konsequenzen tragen.

Bildet der Datenschutz einen festen Bestandteil der Unternehmensstrategie, sollte in einem zweiten Schritt sichergestellt werden, dass die tragenden Grundsätze innerhalb der Belegschaft tatsächlich umgesetzt werden. Wichtig sind in diesem Zusammenhang die Schulungen der Mitarbeiter der Personalabteilungen, die Verbalisierungs- und Dokumentationspflichten der Programmierer sowie die Kenntnisse der Betriebsratsmitglieder über ihre Rechte im Zusammenhang mit der Einführung von Personalinformationssystemen. Durch geeignete Tests und Kontrollen sollte überprüft werden, dass das Bewusstsein für die Notwendigkeit des Datenschutzes in der Belegschaft vorhanden ist und der Datenschutz im Unternehmensalltag umgesetzt wird.

V. Literatur und Quellenverzeichnis

Balzert, Helmut, Lehrbuch der Software-Technik, Software-Management Softare Qualitätssicherung Unternehmensmodellierung, 1998 [zitiert: Balzert: Lehrbuch der Software-Technik].

Böhm, Rolf/Fuchs, Emmerich, System-Entwicklung in der Wirtschaftsinformatik, 5. Aufl. 2002 [zitiert: Böhm/Fuchs, System-Entwicklung in der Wirtschaftsinformatik].

Bundesamt für Sicherheit in der Informationstechnik, IT-Sicherheitshandbuch,[zitiert: BSI, IT-Sicherheitshandbuch].

Bundesministerium für Arbeit und Soziales, Scholz will Arbeitnehmer besser schützen, Stand: 04.09.2009, http://www.bmas.de/portal/37286/2009__09__04__datenschutzgesetz.html (besucht am 22.10.2009), [zitiert: BMAS, Scholz will Arbeitnehmer besser schützen].

Bundesministerium des Inneren, Pressemitteilungen, Bundeskabinett beschließt Grundsatzregelung zum Datenschutz der Arbeitnehmer, Stand:19.02.2009,http://www.bmi.bund.de/cln_104/SharedDocs/Pressemitteilun-gen/DE/2009/mitMarginalspalte/02/arbeitnehmerdatenschutz.html (besucht am 22.10.2009), [zitiert: BMI, Bundeskabinett beschließt Grundsatzregelung zum Datenschutz der Arbeitnehmer].

CDU, CSU, FDP, Wachstum. Bildung. Zusammenhalt., Koalitionsvertrag zwischen CDU, CSU, FDP, 17. Legislaturperiode [zitiert: Koalitionsvertrag].

Düwell, Franz Josef, Betriebsverfassungsgesetz Handkommentar, 2002 [zitiert: Düwell, Betriebsverfassungsgesetz].

Finzer, Peter, Personalinformationssysteme für die betriebliche Personalplanung, 1992 [zitiert: Finzer, Personalinformationssysteme für die betriebliche Personalplanung].

Franz, Astrid, Personalinformationssysteme und Betriebsverfassung, 1983 [zitiert: Franz, Personalinformationssysteme und Betriebsverfassung].

Friedel, Sven, Das Personalmanagement im Unternehmen – make or buy? -, 2004 [zitiert: Friedel, Das Personalmanagement im Unternehmen].

Gabler Verlag, Gabler Wirtschaftslexikon, Stichwort: elektronische Datenverarbeitungsanlage (EDVA), online im Internet: http://wirtschaftslexikon.gabler.de/Archiv/56974/elektronische-datenverarbeitungsanlage-edva-v4.html (besucht am 30.10.2009) [zitiert: Gabler Wirtschaftslexikon, Stichwort: elektronische Datenverarbeitungsanlage (EDVA)].

Gola, Peter, Datenschutz und Multimedia am Arbeitsplatz, 1. Aufl. 2006 3. Aufl. 2009 [zitiert: Gola, Datenschutz am Arbeitsplatz].

Gola, Peter/Schomerus, Rudolf/Klug, Christoph, BDSG Bundesdatenschutzgesetz Kommentar, 9. Aufl. 2007 [zitiert: Gola/Schomerus/Klug, BDSG].

Gola, Peter/Wronka Georg, Handbuch zum Arbeitnehmerdatenschutz: Rechtsfragen und Handlungshilfen für die betriebliche Praxis, 3. Aufl. 2004 9. Aufl. 2009 [zitiert: Gola/Wronka, Handbuch zum Arbeitnehmerdatenschutz].

Koch, Hans-Dietrich, Der betriebliche Datenschutzbeauftragte, Aufgaben – Voraussetzungen – Anforderungen, 6. Aufl. 2006 [zitiert: Koch, Der betriebliche Datenschutzbeauftragte].

Kühling, Jürgen/Sivridis, Anastasios/Seidel, Christian, Datenschutzrecht, 2008 [zitiert: Kühling, Datenschutzrecht].

Martino, Alessandra Di, Datenschutz im europäischen Recht, 2005 [zitiert: Di Martino, Datenschutz im europäischen Recht].

Münch, Peter, Technisch-organisatorischer Datenschutz –Leitfaden für Praktiker, 3. Aufl. 2007 [zitiert: Münch, Technisch-organisatorischer Datenschutz].

Olfert, Klaus, Personalwirtschaft, Kompendium der praktischen Betriebswirtschaft, 13. Aufl. 2008 [zitiert: Olfert, Personalwirtschaft].

Polenz, Sven, Fehlverhaltenskontrolle am Arbeitsplatz, DuD 2009, 561 – 563 [zitiert: Polenz, DuD 2009].

Roßnagel, Alexander, Handbuch Datenschutzrecht, Die neuen Grundlagen für Wirtschaft und Verwaltung, 2003 [zitiert: Roßnagel, Handbuch Datenschutzrecht].

Schild, Hans-Hermann/Tinnefeld, Marie-Theres, Entwicklungen im Arbeitnehmerdatenschutz – Anmerkungen im europäischen Kontext, DuD 2009, 469 – 474 [zitiert: Schild/Tinnefeld, DuD 2009].

Schweizer, Rainer J., Die Rechtsprechung des Europäischen Gerichtshofes für Menschenrechte zum Persönlichkeits- und Datenschutz, DuD 2009, 462 – 468 [zitiert: Schweizer, DuD 2009].

Schwarze, Jochen, Systementwicklung Grundzüge der wirtschaftlichen Planung, Entwicklung und Einführung von Informationssystemen, 1995 [zitiert: Schwarze, Systementwicklung].

Sommerville, Ian, Software Engineering, 8. Aufl. 2007 [zitiert: Sommerville, Software Engineering].

Strohmeier, Stefan, Informationssysteme im Personalmanagement, Architektur – Funktionalität – Anwendung, 2008 [zitiert: Strohmeier, Informationssysteme im Personalmanagement].

Taday, Holger, Informationelle Selbstbestimmung in modernen IuK-Systemen von Unternehmen und öffentlichen Organisationen, 1996 [zitiert: Taday, Informationelle Selbstbestimmung in IuK-Systemen].

Tinnefeld, Marie-Theres/Ehmann, Eugen/Gerling, Rainer, Einführung in das Datenschutzrecht Datenschutz und Informationsfreiheit in europäischer Sicht, 4.Aufl. 2005 [zitiert: Tinnefeld/Ehmann/Gerling, Einführung in das Datenschutzrecht]

Wächter, Michael, Datenschutz im Unternehmen, 3. Aufl. 2003 [zitiert: Wächter, Datenschutz im Unternehmen].

Wikipedia, Personenbezogene Daten, Stand: 21.07.2009,
    http://de.wikipedia.org/wiki/Personenbezogene_Daten (besucht am
    28.10.2009), [zitiert: Wikipedia, Personenbezogene Daten].

Wikipedia, Risikomanagement, Stand: 26.10.2009,
    http://de.wikipedia.org/wiki/Risikomanagement (besucht am
    7.11.2009), [zitiert: Wikipedia, Risikomanagement].

Wikipedia, Softwarewartung, Stand: 04.11.2009,
    http://de.wikipedia.org/wiki/Softwarewartung (besucht am
    13.11.2009), [zitiert: Wikipedia/Softwarewartung].

Witt, Bernhard Carsten, Datenschutz kompakt und verständlich: Eine
    praxisorientierte Einführung, 2008 [zitiert: Witt, Datenschutz kom-
    pakt].

VI. Handout

In diesem Handout werden noch einmal alle Prüfungsschritte und die in jeder Phase zu ergreifenden Datenschutz- und Datensicherheitsmaßnahmen zusammengefasst.

	Phasenspezifische Anforderungen	Prüfung im Einzelfall
Planung	• Identifizierung der für das geplante Softwareprojekt datenschutzrelevanten rechtlichen Rahmenbedingungen.	BDSG Sachlich anwendbar: • AG = nicht öffentliche Stelle und • AG verarbeitet, nutzt oder erhebt Daten unter Einsatz von Datenverarbeitungsanlagen und • AG verarbeitet, nutzt oder erhebt Daten für nicht ausschließlich persönliche oder familiäre Tätigkeiten Räumlich anwendbar: • AG hat Sitz/Niederlassung in Deutschland oder • Datenumgang in Deutschland, ohne dass AG Sitz in Deutschland oder EG/EWR-Ausland hat BetrVG Sachlich anwendbar: Im Unternehmen gibt es einen BR Räumlich anwendbar: AG = inländischer Betrieb Tarifvertrag • Beiderseitige Tarifbindung oder • Bezugnahme der Arbeitsverträge auf TV oder • TV allgemeinverbindlich

Phasenspezifische Anforderungen	Prüfung im Einzelfall
• Prüfung, ob Gesetze oder wirtschaftliche Gesichtspunkte eine Beteiligung weiterer Stellen erforderlich machen.	**BR** Frühzeitige Einbeziehungspflicht auf Grund Unterrichtungsanspruchs nach § 80 Abs.2 BetrVG **DSB** Vorabkontrolle (§ 4d Abs. 5 S.1 BDSG) = Einbeziehung schon in der Planungsphase • automatisierte Verarbeitung von Daten beabsichtigt und • besondere Risiken für die Rechte und Freiheiten des Betroffenen und • für die Durchführung des Arbeitsverhältnisses nicht erforderlich Einbeziehungspflicht (§ 4f Abs.1 BDSG) = Einbeziehung spätestens einen Monats nach Beginn der Datenerhebung verantwortliche Stelle beschäftigt in der Regel > neun Personen ständig mit der automatisierten Verarbeitung personenbezogener Daten

Phasenspezifische Anforderungen	Prüfung im Einzelfall
• Feststellung der Reichweite möglicher Kontroll- und Beteiligungsrechte des DSB und des BR.	Aufgabenbereiche des DSB • Aufsicht über Einhaltung datenschutzrechtlicher Bestimmungen • Verwaltung des Verfahrensverzeichnisses • Überwachung der ordnungsgemäßen Anwendung von Programmen • Schulung der Mitarbeiter • Verpflichtung auf Datengeheimnis • Gewährleistung: Datensicherheit • Gewährleistung: Betroffenenrechte Beteiligungsrechte des BR • erzwingbares Mitbestimmungsrecht hinsichtlich der Einführung und Anwendung von PIS, die dazu bestimmt sind, das Verhalten oder die Leistung der AN zu überwachen • Zustimmungsvorbehalt bei der Erstellung von Personalfragebögen und persönlichen Angaben in Formulararbeitsverträgen für AN und Bewerber • Zustimmungsvorbehalt bei der Festlegung von Auswahlkriterien für die Einstellung, Versetzung, Umgruppierung oder Kündigung eines AN und deren spätere Gewichtung im Rahmen eines Scoring-Verfahrens • Überwachungsrecht bei der Einhaltung von Vorschriften zum Arbeitnehmerdatenschutz • Anspruch auf rechtzeitige Unterrichtung und Beratung über die Einführung und Änderung von EDV-Systemen im Unternehmen • Anspruch auf umfassende Unterrichtung und Beratung über die sich aus den Ergebnissen der Personalplanungsauswertung ergebenden Planungsüberlegungen

Phasenspezifische Anforderungen	Prüfung im Einzelfall

• Prüfung, ob durch den Einsatz des künftigen Personalinformationssystem in das informationelle Selbstbestimmungsrecht der Beschäftigten eingegriffen wird (Vorliegen eines Eingriffs).	<u>Vorliegen personenbezogener Daten</u>
	• Einzelangaben
	• über persönliche oder sachliche Verhältnisse
	• einer bestimmten oder bestimmbaren natürlichen Person
	
	<u>Vorliegen eines Eingriffs (Erheben, Verarbeiten oder Nutzen)</u>
	Erheben: Beschaffen von Daten über den Betroffenen.
	Verarbeiten:
	  • Speichern: Erfassen, Aufnehmen oder Aufbewahren personenbezogener Daten auf einem Datenträger zum Zwecke ihrer weiteren Verarbeitung oder Nutzung
	  • Verändern: inhaltliches Umgestalten gespeicherter personenbezogener Daten
	  • Übermitteln: Bekanntgeben gespeicherter oder durch Datenverarbeitung gewonnener personenbezogener Daten an einen Dritten
	  • Sperren: Kennzeichnen gespeicherter personenbezogener Daten, um ihre weitere Verarbeitung oder Nutzung einzuschränken.
	  • Löschen: Unkenntlichmachen gespeicherter personenbezogener Daten
	Nutzen: jede Verwendung personenbezogener Daten, soweit es sich nicht um Verarbeitung handelt

Analyse

104

	Phasenspezifische Anforderungen	Prüfung im Einzelfall

Konzeption	▪ Identifizierung der Anforderungen (Prinzipien und Grundsätze), nach denen ein Eingriff in das informationelle Selbstbestimmungsrecht der Betroffenen gerechtfertigt ist (Eingriffsrechtfertigung).	Anforderungen an die Rechtmäßigkeit (Prinzipien und Grundsätze)
		Verbot mit Erlaubnisvorbehalt
		Zweckbindungs- und Erforderlichkeitsgrundsatz
		Grundsatz der Transparenz
		Grundsatz der Datenvermeidung und Datensparsamkeit
		Gewährleistung der Betroffenenrechte
		sowie Datensicherheit
		  • Zutrittskontrolle
		  • Zugangskontrolle
		  • Zugriffskontrolle
		  • Weitergabekontrolle
		  • Eingabekontrolle
		  • Auftragskontrolle
		  • Verfügbarkeitskontrolle
		  • Trennungsgebot

	• Spezifikation der datenschutzrechtlichen Anforderungen in konkrete Datenschutz- und Datensicherheitsmaßnahmen.	Datenschutzkonzept Siehe zu den einzelnen Datenschutzmaßnahmen beispielhaft im Rahmen des Abschnitts „Konzeptionierung – Datenschutzkonzept" Sicherheitskonzept Siehe zu den einzelnen Datensicherheitsmaßnahmen beispielhaft im Rahmen des Abschnitts „Konzeptionierung – Sicherheitskonzept"

	• Dokumentierung der Datenschutz- und Datensicherheitsmaßnahmen in einem Datenschutz- sowie in einem Sicherheitskonzept.	Formale Anforderungen an die Dokumentation:
		  • Dokumentationen für Beschäftigte verfügbar und zugänglich
		  • Vollständigkeit
		  • Aufbau der Dokumentationen übersichtlich, anschaulich und einheitlich
		  • streng vertrauliche Bereiche als solche zu kennzeichnen
		  • anpassungsfähig und personenunabhängig
		  • rechtzeitig und aktuell

Phasenspezifische Anforderungen	Prüfung im Einzelfall

• Befolgung der Prinzipien, nach denen die Programmierung zu erfolgen hat, um eine datenschutzrechtliche Kontrolle zu ermöglichen.	Verbalisierung
	Funktionen, Methoden und Datenstrukturen mit Kommentarzeilen dokumentieren
	
	Programmdokumentationen
	  • aktuell
	  • vollständig
	  • nachvollziehbar
	  • Änderungen im Quellcode detailliert aufzeichnen

• Gewährleistung geeigneter Datenschutz- und Datensicherheitsmaßnahmen in Bezug auf die Testdaten.	Klärung, ob Testdaten personenbezogene Daten sind
	Wenn Ja:
	
	bei Fremd- und Eigenpersonal
	  • Anonymisierung oder Pseudonymisierung der Testdaten
	  • Testumgebung und ausgewählte Teststrategie dokumentieren
	  • nicht mehr erforderliche Testdaten vollständig vernichten
	
	falls Fremdpersonal eingeschaltet:
	  • Fremdpersonal vorab schriftlich zur Einhaltung des Datengeheimnisses verpflichten
	  • Einrichtung eines entsprechenden Berechtigungskonzepts
	  • Zugriffe Dritter protokollieren

Realisierung

	Phasenspezifische Anforderungen	Prüfung im Einzelfall
Einführung	• Vermittlung der erforderlichen datenschutzrechtlichen Kenntnisse im Rahmen von Benutzerhandbüchern.	Siehe Qualitätsanforderungen an das Datenschutz- und Sicherheitskonzept
	• Vermittlung der erforderlichen datenschutzrechtlichen Kenntnisse im Rahmen von Schulungen	Schulung obliegt dem DSB, AG muss DSB mit finanziellen und materiellen Mitteln unterstützen Inhalte: • Gegenstand, Sinn und Zweck des Datenschutzrechts • Datenschutzrechtliche Risiken des jeweiligen Tätigkeitsbereichs • technische und organisatorische Maßnahmen • Datengeheimnis • Arbeitnehmerdatenschutz • Datensicherheit
Nutzung	• Gewährleistung geeigneter Datenschutz- und Datensicherheitsmaßnahmen bei der Datenübernahme.	• Sicherstellung der Integrität und Konsistenz der übernommenen Daten in der Datenbank • ordnungsgemäße Vernichtung der Daten im alten System
	• Sicherstellung des datenschutzkonformen Ablaufs des Unternehmensalltags.	• regelmäßige Kontrollen und Wartungen der Software. U.U. Abberufung eines Mitarbeiters, der datenschutzrelevante Gesetzesänderungen mitverfolgt • Motivation der Mitarbeiter der Personalabteilung zur regelmäßigen Eigenschulung sowie Angebot von regelmäßigen Nachschulungen

Phasenspezifische Anforderungen	Prüfung im Einzelfall
• Gewährleistung geeigneter Datenschutz- und Datensicherheitsmaßnahmen in Bezug auf die Wartungsaktivitäten im Rahmen der Auftragsdatenverarbeitung.	**Voraussetzungen der Auftragsdatenverarbeitung nach § 11 Abs.5 BDSG:** AG für Einhaltung der Vorschriften des BDSG verantwortlich, insbesondere muss Beschäftigter Betroffenenrechte (§§ 6,7 und 8 BDSG) ihm gegenüber geltend machen • sorgfältige Auswahl der Wartungsfirma (Maßstab: technische und organisatorische Maßnahmen zur Datensicherung). • Einhaltung der Datensicherungsmaßnahmen schriftlich festlegen • Verpflichtung auf das Datengeheimnis schriftlich festlegen • Inhalte nach § 11 Abs.2 BDSG = Vertragsbestandteil

Tabelle 7: Abschließende Zusammenfassung der erforderlichen Datenschutz- und Sicherheitsmaßnahmen.

Thomas Söbbing

IT/IP-Rechte im Unternehmenskauf

Leitfaden für Information Technology & Software

Transfer bei Merger & Acquisitions

Diplomica 2010 / 248 Seiten / 49,50 Euro

ISBN 978-3-8366-8551-1

EAN 9783836685511

Eine Vielzahl von Unternehmenskaufverträgen (SPA/APA) behandelt das Thema der Information Technology nur am Rande und vor allem sehr rudimentär. Inhaltlich wird häufig im Abschnitt zur Information Technology lediglich eine Garantie abgegeben, dass die Information Technology des Zielunternehmens zum Zeitpunkt des Signings in der Lage ist, die betriebswirtschaftlichen Prozesse des Zielunternehmens zu betreiben und dass dafür ausreichend Softwarelizenzen vorhanden sind. Dabei ist jedem IT-Fachmann bewusst, dass der eigentliche Wert einer IT-Infrastruktur nicht nur aus den aufgezählten Assets besteht, sondern daraus, dass die IT in der Lage ist, alle Service Needs des Zielunternehmens an die Information Technology zu befriedigen und dies auch zukünftig mit angemessenen Kosten sicherzustellen.

Zielsetzung des Werkes ist es, die rechtssichere Transferierung der Information Technology inklusive Software bei Merger & Acquisitions zu gewährleisten, den M & A Prozess aus der Sicht des IT-Rechts zu begleiten und die entsprechenden Passagen in Unternehmenskaufverträgen eindeutig zu gestalten.

Sandra Streuling

Arbeitsrechtliche Aspekte von

Zielvereinbarungen

Gestaltungsmöglichkeiten des Arbeitsvertrages

und Restriktionen der Tarifbindung

Diplomica 2010 / 100 Seiten / 49,50 Euro

ISBN 978-3-8366-8747-8

EAN 9783836687478

Gerade im Zuge der fortschreitenden Globalisierung müssen Unternehmen ihre Wettbewerbsfähigkeit sichern und sich neuen Marktanforderungen rasch anpassen. Mit Hilfe von Zielvereinbarungen können die Personalkosten in höherem Maße an der wirtschaftlichen Lage des Unternehmens ausgerichtet werden. Durch die Individualisierung des Entgelts wird gleichzeitig aber auch eine höhere Entgeltgerechtigkeit hergestellt.

Sandra Streuling schafft mit diesem Buch einen Überblick darüber, wie Zielvereinbarungskonzepte in der Praxis eingeführt und aus rechtlicher Sicht ordnungsgemäß durchgeführt werden können. Sie zeigt die rechtliche Struktur von Zielvereinbarungen, die rechtlichen Grenzen und die sich daraus für Arbeitgeber und Arbeitnehmer ergebenden Rechte und Pflichten. Das Hauptaugenmerk liegt dabei auf der Vertragsgestaltung, wobei hier die AGB-Kontrolle sowie typische Regelungsinhalte der Rahmenvereinbarung und der konkreten jährlichen Zielvereinbarung erläutert werden.

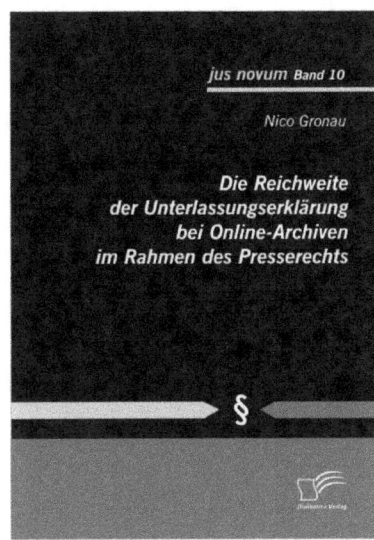

Nico Gronau

Die Reichweite der Unterlassungserklärung bei Online-Archiven im Rahmen des Presserechts

Diplomica 2010 / 108 Seiten / 49,50 Euro

ISBN 978-3-8366-8803-1

EAN 9783836688031

Seit einigen Jahren findet im Bereich der Medien ein Prozess statt, der gekennzeichnet ist durch beträchtliche Verluste an Auflage und Vielfalt bei den klassisch gedruckten Zeitungen. Dieser Prozess gewinnt zunehmend an Bedeutung. Die fortschreitende Entwicklung zwingt die Zeitungsverleger aufgrund der wirtschaftlichen Folgen zum Handeln. Deswegen stellen immer mehr Verlage den Lesern Zeitungen und Zeitschriften auch als identische Online-Version zur Verfügung.

Aufgrund dieses erweiterten Verlagsangebots muss die presserechtliche Unterlassungserklärung gleichfalls mit einer vergrößerten Reichweite wirksam werden, um auch den Verletzungen des Persönlichkeitsrechts im Internet durch die Multimediaprodukte der Zeitungsverlage entgegentreten zu können. Dies gilt insbesondere wenn die erschienenen Artikel noch Monate oder Jahre nach der eigentlichen Veröffentlichung in Online-Archiven abrufbar sind.

Nico Gronau klärt die Frage, inwieweit eine Unterlassungserklärung Einfluss auf ein solches Archiv nehmen kann und in welchem Maße der Verlag hierbei Einschränkungen der Archivgrundsätze hinzunehmen und sein Online-Archiv abzuändern hat. Durch eine stringente Argumentation gelingt es dem Autor alle relevanten Aspekte der Problematik darzustellen. Zudem präsentiert dieses Buch Übersichtsdarstellungen zu den Schwerpunkten hinsichtlich der Reichweite einer presserechtlichen Unterlassungserklärung und ihrer Folgen, die der Leser in der Praxis als Prüfungsschemata einsetzen kann.

Alexander Grieger
Corporate Crime und Compliance
Die straf- und zivilrechtliche Verantwortlichkeit
eines börsennotierten Industriekonzerns und
dessen Organe
für Wirtschaftsdelikte seiner Mitarbeiter

Diplomica 2010 / 220 Seiten / 49,50 Euro

ISBN 978-3-8428-5316-4

EAN 9783842853164

Dieses Fachbuch, das durch die „Causa Siemens" inspiriert wurde, stellt einzelne Wirtschaftsdelikte vor, mit welchen auf Grund der besonderen Strukturen eines börsennotierten Industriekonzerns vermehrt gerechnet werden muss. Ausgehend von diesem Fundament wird zuerst die strafrechtliche, dann die zivilrechtliche Verantwortlichkeit von Unternehmensorganen sowie des Unternehmens an sich beleuchtet. Zuletzt werden kurz einzelne Instrumente vorgestellt und bewertet, welche zur Begrenzung von Verantwortlichkeiten häufiger diskutiert werden.

Die Besonderheit dieses Buches besteht darin, dass die Themen nicht nur aus Richtung eines Rechtsgebietes, d.h. Strafrecht oder Zivilrecht, sondern aus Sicht beider Denkweisen umfassend dargestellt werden. Daneben fließen auch Ansatzpunkte aus der betriebswirtschaftlichen Praxis mit ein, die dieses Fachbuch sowohl für Einsteiger als auch Fortgeschrittene gleichermaßen interessant machen dürften.

Dieses Fachbuch basiert auf einer im Jahr 2008 im Studiengang Internationales Wirtschaftsrecht an der Friedrich-Alexander-Universität Erlangen-Nürnberg eingereichten Abschlussarbeit, welche im Jahr 2010 mit dem Luise Prell-Stiftungspreis für hervorragende wissenschaftliche Abschlussarbeiten ausgezeichnet wurde.

www.ingramcontent.com/pod-product-compliance
Lightning Source LLC
Chambersburg PA
CBHW050912030726
47586CB00005B/1551